O CHOQUE DO REAL:
ESTÉTICA, MÍDIA E CULTURA

Beatriz Jaguaribe

O CHOQUE DO REAL:
ESTÉTICA, MÍDIA E CULTURA

Copyright © 2007 *by* Beatriz Jaguaribe

Direitos desta edição reservados à
EDITORA ROCCO LTDA.
Av. Presidente Wilson, 231 – 8º andar
20030-021 – Rio de Janeiro, RJ
Tel.: (21) 3525-2000 – Fax: (21) 3525-2001
rocco@rocco.com.br
www.rocco.com.br

Printed in Brazil/Impresso no Brasil

preparação de originais
SÔNIA PEÇANHA

CIP-Brasil. Catalogação-na-fonte.
Sindicato Nacional dos Editores de Livros, RJ.

J24c
Jaguaribe, Beatriz, 1959-
O choque do real: estética, mídia e cultura/Beatriz Jaguaribe. – Rio de Janeiro: Rocco, 2007.

ISBN 978-85-325-2207-8

1. Realismo. 2. Realismo na literatura. 3. Realismo na arte. 4. Estética. 5. Realidade. I. Título.

07-2170

CDD – 306.4
CDU – 316.74:7

A Maria Lucia e Hélio, por tudo.

Sumário

Agradecimentos 9

Prefácio 11

1. Modernidade cultural e estéticas do realismo 15

2. O visível e os invisíveis: imagem fotográfica
   e imaginário social (com Maurício Lissovsky) 42

3. O choque do real e a experiência urbana 97

4. *Favela Tours*: o olhar turístico e as representações
   da "realidade" 125

5. Realismo sujo e experiência autobiográfica 152

6. Bonecas hiper-reais: o fetiche do desejo 181

Notas ao texto 223

Agradecimentos

Este livro não teria sido possível sem a compreensão, paciência, confiança e inusitada capacidade de espera de Vivian Wyler. Agradeço a Pedro Karp Vasquez pelo incentivo e apoio na publicação do livro. A generosa bolsa concedida pela Guggenheim Foundation possibilitou a escrita deste livro e de outros projetos afins. Maurício Lissovsky não somente foi co-autor em um ensaio como também tem sido um instigante parceiro intelectual em vários projetos. Enrique Larreta, Mariana Cavalcanti e Kevin Hetherington foram interlocutores preciosos a quem devo referências bibliográficas e inspiração intelectual. Kevin Hetherington escreveu comigo uma primeira versão em inglês do ensaio "Favela Tours: indistinct and mapless representations of the real in Rio de Janeiro", publicado na coletânea *Global Places to Play*, Routledge, 2004, organizada por Mimi Sheller e John Urry. Micael Herschmann e João Freire publicaram uma versão reduzida do ensaio "Choque do real" no livro *Comunicação, cultura, consumo*, e-papers, 2005. O ensaio "Realismo sujo e experiência autobiográfica" foi publicado no livro *Limiares da imagem*, Mauad X, 2006, editado por Antonio Fatorelli e Fernanda Bruno. Agradeço a estes e aos demais colegas da Escola de Comunicação da UFRJ. Como também agradeço o proveitoso diálogo com Paula Sibilia sobre as escritas do "eu" na contemporaneidade.

Devo a Leda Costa uma revisão nítida, generosa e competente dos manuscritos. Agradeço a Lucas Telles pela leitura minuciosa do manuscrito final. Agradeço a Maria Isabel Mendes de Almeida, Fernando Rabossi e Paulo Pinto do grupo de estudos do IPC (Instituto do Pluralismo Cultural).

Agradeço a Claudia Jaguaribe, Letícia Moura e Mariana Lara pela inspirada capa. Como sempre, o apoio da minha família, dos meus filhos Gabriel e Leonardo e dos meus amigos foi fundamental para a escrita deste livro.

Prefácio

Este livro surgiu do desejo de compreender como as atuais estéticas do realismo na fotografia, cinema, literatura e meios de comunicação, contribuem para moldar a nossa percepção da realidade.

Em termos mais específicos, este livro nasceu da observação intrigada de como na cultura brasileira, marcada pelo hibridismo, pelo imaginário carnavalesco e práticas mágicas, os códigos do realismo estético detêm o poder pedagógico de tecer os retratos da *realidade*. É como se só eles tivessem o peso de legitimidade consensual embora, ao mesmo tempo, esses mesmos códigos realistas coexistam com as práticas encantatórias do cotidiano cultural, como o discurso globalizado da publicidade e as realidades virtuais.

A força dos novos registros do realismo estético é um fenômeno global e detectável no novo cinema iraniano, nos mandatos do grupo escandinavo Dogma, no crescente prestígio dos documentários, nos filmes de Ken Loach, Mike Leigh e Stephen Frears, entre tantos outros. No caso da América hispânica, novos registros realistas surgem a reboque do desgaste do realismo mágico na literatura e emergem no ímpeto de narrar as experiências conturbadas dos grandes centros metropolitanos. No Brasil, os novos realismos despontam dentro de gêneros como o romance policial e a narrativa da violência marginal, ou em retratos do cotidiano que esmiuçam, com maior ou menor pendor psicológico ou naturalista, os impasses de vidas anônimas.

As técnicas e os conteúdos desses novos realismos distanciam-se da produção do Cinema Novo de 1960, por exemplo, embora exista uma certa continuidade de enfoque. Se persiste nelas a denúncia crítica, as novas estéticas não oferecem nem agendas de redenção coletiva, nem perspectivas utopistas de futuro. E, acima de tudo, os novos códigos do realismo estético já não são abalizados pelos cânones letrados, tal como ocorria com a produção modernista.

Qual, então, é o poder mobilizador das estéticas do realismo?

Creio que a força do realismo estético resida na sua capacidade de fornecer vocabulários de reconhecimento na experiência contemporânea. Valendo-se de representações de intensidade dramática, de narrações do desmanche social, os novos códigos realistas fornecem uma *pedagogia da realidade* de fácil acesso para leitores e espectadores afastados dos cânones letrados.

Num país como o Brasil, marcado pela escassa escolaridade e pelo predomínio avassalador da cultura audiovisual, os novos códigos realistas também funcionam como diagnósticos da nossa vivência social.

O realismo estético, em suas diversas manifestações, produz retratos da "vida como ela é", ou seja, faz uso da ficção e de recursos de intensificação dramática para criar mundos plausíveis que forneçam uma interpretação da experiência contemporânea. Diversamente das estéticas românticas, fantásticas ou surreais, no entanto, essas interpretações, essas ficções realistas fazem uso do senso comum cotidiano, que se apóia na verossimilhança. Embora possam até retratar de forma crítica e contundente as mazelas do social, esses códigos realistas não abalam a noção da realidade, mas apenas reforçam seu desnudamento. Isso se realiza sob o pano de fundo de uma crescente democratização do conceito de cultura, agora vista, por um viés antropológico, como conjunto de visões díspares de mundo que devem obter representatividade na construção simbólica da realidade. São essas agendas de representação que valorizam a autoria como portadora de experiência e dão validação biográfica a vidas reais. Finalmente, os novos códigos realistas buscam desferir o "pancadão do real", ou seja, querem aguçar a percepção de nossa condição no mundo por meio de imagens e narrativas que desestabilizem clichês, sem que isso implique experimentalismos ao estilo das vanguardas de antigamente.

Os ensaios deste livro possuem uma conexão orgânica, mas podem ser lidos separadamente. Todos discutem os códigos estéticos do realismo na atualidade.

No primeiro, busco oferecer um painel seletivo que ajude a compreender a relação entre estéticas do realismo e experiência cultural na modernidade tardia.

No segundo, escrito em co-autoria com Maurício Lissovsky, discutimos como três conjuntos fotográficos brasileiros, de períodos distintos, revelam quem são os visíveis e invisíveis no cenário público do país e quais são as implicações dessas representações para a construção de diferentes comunidades e modernidades imaginadas.

O ensaio "Choque do real e a experiência urbana" é uma reflexão sobre como certos códigos do realismo estético buscam produzir uma catarse simbólica, aguçando os dilemas do desmanche social urbano brasileiro, em face da saturação midiática.

No ensaio "*Favela Tours*", discuto como a venda turística da favela aposta na representação de uma comunidade empática que tenta superar a violência e a escassez. A visão da favela como comunidade a ser observada pelos olhos turísticos retém seu poder de venda, justamente porque dialoga com os repertórios midiáticos que a retratam como zona de violência, barbárie e miséria.

Em "Realismo sujo e experiência autobiográfica", exploro a popularização das *escritas do eu* e como as estéticas do realismo embaçam as fronteiras entre o real e o ficcional ao fabricarem narrativas e imagens do *eu* que se traduzem como a representação de *vidas reais*.

No último ensaio, a figura da boneca, representada na literatura, fotografia, artes plásticas e publicidade, coloca em pauta o desejo mimético de transformar a matéria inerte em objeto encantatório. A boneca hiper-real é o ícone de novos tipos de experiência subjetiva nos quais o "realismo" de cada dia é substituído pelo fetiche do desejo imaginário.

1. Modernidade cultural e estéticas do realismo

Modernidade: projeto, momento histórico e experiência cultural

O realismo estético na fotografia, cinema, literatura e meios de comunicação constituiu-se como um senso comum que permeia a percepção do cotidiano na modernidade. Essa premissa não é novidade.[1] As conseqüências disso, assim como a definição do que venha a ser o realismo estético, é que, todavia, despertam controvérsias. Desde o século XIX, quando o realismo surge como uma nova estética, a querela em torno de sua legitimidade enquanto "representação da realidade" desenvolveu-se em campos antagônicos. Em linhas gerais, os que aderem aos ideários estéticos do realismo enfatizam uma conexão vital entre representação e experiência da realidade. Os que se opõem à legitimação privilegiada dos códigos realistas insistem que o "realismo" é uma convenção estilística como outras que, entretanto, mascara seus próprios processos de ficcionalização justamente porque as normas da percepção cotidiana se medem pela naturalização da "visão de mundo" realista do momento.[2] Entre essas demarcações, concordo com ambas. Ou seja, endosso, como o crítico inglês Raymond Williams, a idéia de que as estéticas do realismo crítico almejam captar as maneiras cotidianas pelas quais os indivíduos expressam seus dilemas existenciais por meio das experiências subjetivas e sociais que estão em circulação nas montagens da realidade social. Oferecem, dessa forma, uma intensificação desses imaginários, na tentativa de tornar o cotidiano amorfo, fragmentário e dispersivo mais significativo, embora, muitas vezes, o retrato social que resulte disso seja o de cenários desolados. Mas isso não exclui a segunda consideração, ou seja, de que essas estéticas são socialmente codificadas, que elas são interpretações da realidade e não a realidade. *O paradoxo do realismo consiste em inventar ficções que parecem realidades.* Entretanto, a esse espelhamento deve-se adicionar outro componente. A realidade é socialmente fabricada, e uma das postulações da modernidade tardia é a percepção de que os imaginários culturais são parte da realidade e que nosso acesso ao real e à realidade somente se processa por meio de representações, narrativas e imagens. Entretanto, o que é a "realidade" e por que as estéticas do realismo são o mais adequado meio para retratá-la é um assunto que suscita um candente debate. Nas palavras de Joel Black,

> A realidade nunca esteve em tanta demanda quanto agora na nossa cultura global mediada pelos meios de comunicação e pelo cinema [...] Na medida em que há uma crescente demanda pela realidade, ela também é crescentemente contestada. A realidade nas sociedades liberais, democráticas e mediadas pela mídia não é auto-evidente, mas é constantemente contestada e disputada.[3]

Uma das conseqüências da globalização cultural foi, precisamente, a naturalização dos códigos do realismo como forma de apreensão do cotidiano. O realismo como percepção do cotidiano, avaliação de condições materiais e registro de realidade pautada na evidência dos fatos legitima uma apreensão da realidade que se tornou costumeira na nossa vivência diária, na nossa racionalização comezinha do mundo. Inclusive, o manejo dos registros realistas abaliza a entrada cultural na modernidade. Entretanto, enfatizo que se há algum sentido unificador no conceito de realismo é que ele se caracteriza por uma visão de mundo que exclui ou coloca em quarentena fantasias, crenças esotéricas, tradições místicas ou sonhos românticos que também se manifestam na fabricação social da realidade na modernidade. Daí o sentido comum de ser "realista" em contraponto ao devaneio fantasioso.

Ou seja, há uma naturalização do registro realista na produção dos noticiários, nos romances do cotidiano, no controle e expectativas do presente e do futuro e, ao mesmo tempo, há um mundo de fantasias consumistas, devaneios publicitários, práticas místicas, imagens e narrativas que nos evocam mundos encantados, improváveis e delirantes. O que caracteriza a ficção realista, nos seus diversos avatares desde seu surgimento no século XIX até hoje, é que a narrativa ou imagem realista nos diz que está em sintonia com a experiência presente, que ela traduz a equiparação entre a representação do mundo e a realidade social. Entretanto, no mundo global saturado pelos meios de comunicação, evidenciamos uma superprodução de imagens de realidade.

Neste princípio do século XXI, com o esmorecimento das vanguardas e a fragmentação de agendas políticas, o realismo crítico reemerge em diferentes vertentes, tecendo um contraponto com o realismo sentimentalizado das telenovelas, o realismo *mainstream* dos filmes de Hollywood, o realismo sensacionalista da imprensa, o realismo espetacularizado dos *reality shows*, entre outros. Há, nos meios de comunicação, uma produção de "realidades" exacerbada pelo sensacionalismo, pela propulsão do choque, pela necessidade imperiosa de produzir novidades, pela vertiginosa velocidade de informações fragmentárias que não compõem um retrato total do social-global.

Se as estéticas do realismo são variadas, as modernidades com as quais o realismo se relaciona também são plurais. Como conceituar a modernidade? Como definir o realismo estético? Ambas as questões, sobretudo a primeira, foram tão copiosamente debatidas e interpretadas, que traçar as principais correntes intelectuais e estéticas que as responderam constitui, em si, um esforço avantajado. Portanto, minha resposta a essas indagações será, necessariamente, didática, sintética, parcial e seletiva na medida em que o que busco enfatizar é a conexão entre as estéticas do realismo e conceitos de modernidade cultural.

No tocante à noção de modernidade, quero enfocá-la em três aspectos. A modernidade entendida como *projeto*, como *período histórico* e como *experiência cultural*. Enquanto projeto, parto de uma corrente acadêmica que situa a modernidade atrelada ao legado iluminista do século XVIII.[4] Legado este que visava à emancipação do homem, à domesticação da natureza, ao questionamento da tradição, à crença no progresso e na razão científica e à aposta num futuro diverso do presente. Este projeto de modernidade, segundo a ótica de Habermas, será ainda o fomentador do espaço público que possibilitaria o agenciamento político da comunidade de cidadãos e a criação de esferas autônomas da ciência, moralidade e arte.[5] Há uma copiosa bibliografia que rebate, precisamente, a noção de espaço público em Habermas, enfatizando que sua concepção de um diálogo racional entre pares resulta numa elaboração idealizada do agenciamento político, já que as motivações que regem o comportamento social não se encontram plenamente encapsuladas pela racionalidade consensual. Mas, enquanto projeto de modernidade, o que me interessa enfatizar é, justamente, a dimensão conceitual, a proposta inovadora do projeto moderno que, ao questionar os fundamentos da autoridade e da tradição, modificou as concepções sacras do mundo e abalizou o pensamento racional como o instrumento operacional e interpretativo do social. Vale ressaltar que não há uma equiparação direta entre o ideário da modernidade do projeto iluminista e os processos de modernização econômicos e sociais desencadeados pelas sucessivas revoluções técnico-industriais, consolidação do Estado-nação burguês, ampliação dos mercados capitalistas, burocratização do Estado, primazia da racionalidade instrumental e expansão imperialista. Tais ingredientes compõem, sobretudo, a modernidade do século XIX. Os ideários do conhecimento científico, emancipação social e questionamento da tradição não estão causalmente conectados aos processos de modernização. De fato, excetuando-se alguns países da Europa, os Estados Unidos e Canadá, no restante do mundo, a despeito da difusão global dos ideários modernos, a modernização econômica não foi necessariamente acompanhada pela emancipação política e social, nem pela consolidação de arenas públicas ou por formas democráticas de representação social. Mesmo na Europa, Estados Unidos e Canadá, os ideários universalistas de cidadania não foram implementados de forma igualitária. Na América Latina, tal como apontam Roberto DaMatta, Nestor Garcia Canclini, Roberto Schwarz, Claudio Lomnitz e tantos outros, os ideários da modernidade conviveram com práticas políticas caudilhescas, e a modernização social e técnica não eliminou crenças tradicionais e visões mágicas do mundo.[6]

Como já fora salientado pelos sociólogos latino-americanos da teoria da dependência nos anos 1960 e como atualmente está em pauta nos estudos pós-coloniais indianos, é praticamente impossível mencionar a história da América Latina, África ou Ásia sem referir-se à Europa e aos parâmetros da modernidade européia, enquanto o inverso, discorrer sobre a história da Europa não implica, necessariamente, uma compreensão das especificidades culturais não européias. Entretanto, mesmo os que endossam a invenção da modernidade no Ocidente não podem negligenciar que a modernidade e a modernização da Europa fomentaram-se pela sua expansão imperial e por meio da absorção de figuras do exótico, primitivo ou estrangeiro e mesmo do confronto com elas. De fato, no filão dos *"subaltern studies"* e dos estudos pós-coloniais, antropólogos, críticos literários, entre outros, enfatizam que a modernidade como visão de mundo é engendrada na expansão imperial da Europa, porque é diante do "outro" colonizado que o europeu tecerá sua definição de individualidade, nacionalidade e secularização.[7] Ou seja, é somente nesta zona de contacto do controle colonial-imperial que o europeu se inventa. Os ideários do projeto moderno e as características da modernidade técnica, secular, capitalista e racional-instrumental ganham poder de difusão global e se modificam de acordo com as características específicas das culturas locais.

Na sua acepção ocidental, essa modernidade foi entrevista por Max Weber como constitutiva de uma visão de mundo desencantada. A famosa metáfora da modernidade como "gaiola de ferro" enfatiza a percepção de Weber sobre a condição moderna como sendo a de controle, disciplina, razão instrumental, pragmatismo calculista que promoveria o desencantamento do mundo na medida em que negaria o mágico, místico, misterioso e oculto.[8]

Em um sentido específico, o desencantamento do mundo supõe o triunfo da racionalidade instrumental que moldou, inclusive, a própria ética religiosa. A perda de magia de um mundo onde os seres humanos não dialogam mais com forças ocultas incide na racionalização religiosa e na apropriação utilitária da natureza. Em sentido mais amplo, o desencantamento do mundo gerou uma crise de sentidos, na medida em que a ciência e a técnica não seriam capazes de oferecerem explicações sobre o significado da existência humana. De forma consoante com o "desencantamento" de Weber, Michel Foucault irá entrever a modernização como um processo de criação de instituições de vigilância, purificação e disciplina, configuradas em âmbitos espaciais específicos, tais como a escola, a fábrica e a prisão. O indivíduo moderno seria aquele que se autoconstrói mediante a interiorização das normas vigilantes sociais.[9]

Como *período histórico*, a modernidade que viso enfocar é aquela que se consolida a partir do século XIX, porque este é o período que assiste ao surgimento do realismo estético e ao impacto da modernização na emergência de uma nova cultura técnico-urbana. Em outras palavras, o século XIX tece a coincidência entre modernidade como período histórico e modernidade enquanto *experiência cultural* cotidiana para os habitantes das grandes metrópoles. A proliferação de fábricas industriais, o inchamento de cidades com multidões de seres anônimos, a alteração do ritmo cotidiano, acelerado pela velocidade dos novos meios de transporte (trem, bonde elétrico e carro); e, finalmente, o impacto das novas máquinas de visualidade (câmera fotográfica, câmera cinematográfica) e de meios de comunicação (telégrafo) imprimem, na experiência moderna, a vertigem do novo, do efêmero e do choque.[10]

No século XIX, a cultura do consumo consolida-se com o surgimento de lojas de departamento e com a criação de novas formas de entretenimento, notadamente, o êxito formidável dos romances de folhetim publicados nos jornais. Nessa cultura do consumo e do mercado, a arte adquire uma função diversa. Ao lado do mecenato tradicional, da aristocracia e da Igreja, o artista deve se projetar no mercado e buscar ingresso nos salões abalizados. As fronteiras entre alta cultura, cultura de massa e cultura de vanguarda foram negociadas e minadas ao mesmo tempo.

De fato, a tessitura da experiência cultural no século XIX parece compor-se do embate entre tendências contraditórias e complementares. De um lado, a racionalidade pragmática e calculadora que projeta lucros, métodos de disciplina e controle social. De outro, fortemente influenciados pelo romantismo, os imaginários do desejo enfatizando a validade da paixão, do sonho e da transgressão. Nas palavras de Colin Campbell,

> A lógica cultural da modernidade não é meramente a da racionalidade, como se expressa nas atividades de cálculo e experimentação: é também a da paixão e a do sonhar criativo que nasce do anseio (...) Lutando para enfrentar a necessidade de proceder às trocas entre a necessidade e o prazer, enquanto procuram conciliar seus egos boêmio e burguês,

os indivíduos modernos não moram somente numa 'gaiola de ferro' da necessidade econômica, mas num castelo de sonhos românticos, esforçando-se, mediante sua conduta, para transformar um no outro.[11]

A cultura do consumo, conforme explicita Campbell, reúne tanto a lógica calculadora da produção de mercadorias visando ao lucro, quanto a fabricação publicitária que fomenta a sedução dos objetos. A conhecida crítica marxista à reificação das mercadorias enfatiza isso: o ocultamento do cálculo capitalista e do trabalho para luzir o produto, fazendo-o parecer encantado. Para Walter Benjamin, que se dedicou a explorar os primórdios da cultura do consumo urbano nas passagens de Paris do século XIX, a sedução dos objetos induz a uma fantasmagoria de sonhos irrealizados.[12] As passagens de Paris com seu comércio caduco e suas máquinas desativadas eram a expressão "arqueológica" daqueles anseios de felicidade. Nas palavras de Agnes Heller, "O fetichismo das mercadorias (as relações humanas aparecem como se fossem relações entre coisas) exemplifica a experiência moderna da desorientação, a ignorância sobre as conseqüências de nossas ações e dos mecanismos do mundo. O mundo racional (desencantado) é simultaneamente encantado. A troca de mercadorias, o mercado enchem o mundo de aparências fantasmagóricas".[13]

A "gaiola de ferro" e o shopping center sintetizam a oposição e complementaridade entre a racionalidade instrumental e o convite ao desfrute hedonista tornando-os partes da mesma engrenagem social, inscritas na produção e circulação das mercadorias. A experiência cultural resultante da emergência dessa nova sociedade industrial e do consumo se expressa, conforme assinalado na citação de Campbell, em correntes estéticas diversas que representam, de forma geral, visões do mundo distintas que podem ser caracterizadas pela oposição entre o romantismo e o realismo/naturalismo.[14] As características do imaginário romântico são conhecidas: exaltação da imaginação, enaltecimento do indivíduo extraordinário, busca pelo insólito, maravilhoso e exótico, crítica ao raciocínio instrumental, culto ao amor como sublimação, valorização da natureza em simbiose com a consciência humana, ênfase na cultura popular e na comunidade de sentimentos e experiências coletivas e, finalmente, a ironia auto-reflexiva sobre seus próprios mecanismos de fabulação. Em suas variadas formas e nuances, o romantismo popularizou-se e criou, segundo a expressão de Raymond Williams, "estruturas de sentimento".[15] Modificou, sobretudo, os costumes e atitudes em face do amor, da subjetividade e da experiência.

Se o alto romantismo artístico na poesia insurgiu-se contra o cotidiano do utilitarismo pragmático e também buscou um sublime transcendente além do hedonismo consumista, a popularização do imaginário romântico, por sua vez, escolheu certos repertórios da busca pela auto-expressão individual, gerando uma gama de expectativas sobre a realização de sonhos de felicidade cotidiana. Heroínas padecendo de amor, heróis galantes, crápulas inescrupulosos e obstáculos sociais emergem no romance sentimental e gótico do século XVIII, surgem nas peripécias do romance em folhetim jornalístico do século XIX e finalmente desembocam e se modificam no grande caudal da produção massiva de filmes, fotonovelas, telenovelas, romances e seriados televisivos que alimentam a indústria cultural até hoje. A arte realista, no século XIX, se insurge como crítica aos fantasmas românticos popularizados, ao devaneio escapista e ao imaginário fantasioso. Argumenta Williams que o realismo tinha como objeto de representação

> "[...] uma realidade costumeira, contemporânea e cotidiana em oposição aos assuntos tradicionalmente heróicos, românticos ou legendários. O adjetivo que usualmente caracterizava o realismo era 'startling' estarrecedor 'surpreendente' e no bojo da 'realidade comum e corrente' uma atenção particular ao desagradável, exposto e sórdido podia ser discernido."[16]

Sob o crivo do olho realista, o cotidiano banal torna-se assunto de interesse artístico. Nas palavras de Linda Nochlin, o intuito primário da arte realista era "oferecer uma verdadeira, objetiva e imparcial representação do mundo real baseada na observação meticulosa da vida contemporânea".[17] Este, entretanto, é o cerne da questão. Não se trata apenas de que o cotidiano seja valorizado como experiência significativa, mas sim a noção extraída do pensamento científico de que o artista pode atuar como um observador imparcial e objetivo da vida tal como ela é. Em outras palavras, há, neste ideário do realismo, uma desconfiança em relação aos poderes transformadores da imaginação. No vertiginoso mundo da modernidade onde, nas palavras do *Manifesto Comunista*, "tudo se dissolve no ar", a ênfase recai na promoção de uma pedagogia da realidade de maneira a formar um público de leitores e espectadores aptos a decodificarem o social de acordo com o empirismo crítico da observação.

A desconfiança realista da imaginação, algo que era exaltado como fonte essencial da criatividade no ideário romântico, também é fruto do desencantamento do mundo na modernidade e parte do esforço de enfocar a realidade como documento social que deve ser revelado para denunciar a condição humana. Como já mencionado, na acepção estrita de Max Weber, o desencantamento do mundo conduz à visão desolada da modernidade como "gaiola de ferro", sociedades reguladoras onde os indivíduos encontram-se submetidos a engrenagens sociais desprovidas de epifanias. Mas o desencantamento do mundo também possibilitou o questionamento dos "feitiços" do passado e a introdução de um imaginário secular utópico. A secularização e desmagificação do mundo também fomentaram os ideários iluministas da emancipação social, o questionamento dos fundamentos e da autoridade hierárquica e o anseio por uma sociedade transformadora de agenciamentos políticos, sociais, econômicos e culturais. Em contrapartida, no reencantamento, a modernidade cultural oferece cenários de deleite no fetiche das mercadorias, nas seduções publicitárias, na cultura do espetáculo e do entretenimento. "Desencantamento do mundo" e "reencantamento do mundo" são complementares não somente pelas seduções do consumo, mas também porque o pensamento técnico e científico conviveu com o surgimento de novas formas de espiritualidade, crenças místicas, práticas transgressivas de liberação individual e do culto ao irracional. As respostas artísticas ao desencantamento e reencantamento do mundo tensionaram-se entre as correntes realistas e as diversas estéticas do romantismo, vanguardismo, modernismo.

Ao tecer o questionamento das engrenagens sociais que promovem a opressão social, ao buscar as nuances subjetivas e psicológicas dos seus personagens, ao pintar e fotografar o cotidiano dos anônimos, o realismo crítico promoveu uma visão "desencantada" do mundo que, entretanto, dialogava com os anseios e aspirações de mundos melhores. De forma diversa, o romantismo, certas correntes vanguardistas, como o surrealismo, e expressões específicas do modernismo artístico reintroduziram as possibilidades de encantamento na modernidade por meio das experiências do sublime romântico, estranhamento vanguardista, epifania modernista e maravilhoso surreal. Tratava-se, sobretudo, de combater a petrificação da normatividade, de demolir a racionalidade instrumental e de perfurar o *déjà vu* cotidiano pela ação poetizadora da arte. As vanguardas artísticas, expressões do modernismo cultural e, sobretudo, a contracultura jovem dos anos 1960 e 70 buscaram validar estilos de vida e formas de experiência contrários aos parâmetros do realismo burguês. Na riqueza dessas contestações, na absorção transcultural entre Oriente e Ocidente, as experiências diversas da modernidade cultural demonstram que uma faceta crucial do ser moderno é o questionamento da própria modernidade.

Novos e velhos realismos

Enquanto representação estética, o realismo é, nas palavras de Terry Eagleton, "um dos termos mais escorregadios".[18] Esta dimensão fluida atesta não somente que uma pluralidade de estilos e formas de representação se expressa pela rubrica "realismo", mas que a palavra "realismo" traduz uma forte conotação ideológica que enfatiza a conexão entre representação artística e realidade. No seu sentido mais primário, o realismo estaria conectado com a utilização da mimese, ativando a noção da arte como cópia de uma realidade e mundo material. A mimese é aqui entendida como um ilusionismo espelhado, uma representação que parece copiar aquilo que existe no mundo.[19] Mas, desde a Antiguidade clássica, esta "ilusão" imitativa obedecia aos códigos específicos de verossimilhança que eram culturalmente engendrados. Segundo Eagleton: "Realismo artístico, portanto, não pode significar 'representar o mundo tal qual é' mas sim representá-lo de acordo com as convenções da representação do mundo-real."[20]

Margaret Cohen enfatiza a conexão entre estéticas do realismo e modernidade argumentando que:

> O auge do realismo na França se deu no que foi designado como a invenção da modernidade [...] o realismo na França era um estado de arte visual e uma prática textual e o foco de um debate polêmico durante a metade do século que assistiu à explosão da produção industrial e da metrópole industrial; à institucionalização do estado-nação burguês; à derrocada do poder da classe aristocrática e à criação do proletariado; à invenção de tecnologias do espetáculo, reprodução mecânica, notadamente, à fotografia e os meios de comunicação massivos, especificamente, o jornalismo massivo; ao ápice do projeto imperial francês; à consolidação da ciência experimental moderna; à criação dos primeiros socialismos modernos bem como dos primeiros movimentos feministas.[21]

Na tentativa de responder às questões sociais urgentes do seu tempo, o realismo estético do século XIX buscou oferecer retratos da contemporaneidade, enfatizando a observação distanciada, o olhar crítico sobre as formas de comportamento dos indivíduos na sociedade e a construção ideológica de valores sociais. A força da persuasão da arte realista reside na sua fabricação daquilo que Roland Barthes analisou como sendo o "efeito do real".[22] A arte realista introduz uma nova forma de verossimilhança, afastada das convenções de gênero da arte clássica. O realismo buscou uma representação extraída da experiência cotidiana de vivenciar o mundo atrelada ao senso comum da percepção. O "efeito do real" no romance realista é obtido por detalhes que dão credibilidade à ambientação e caracterização dos personagens. Assim, a descrição da casa burguesa contém a menção de objetos que não estão diretamente associada à trama, mas que sugerem o que deveria estar contido num lar burguês, daí a inscrição do barômetro na lareira de Madame Bovary e a inclusão dos objetos de refinamento francês na sala de estar de Quincas Borba quando ele buscava ascender socialmente, entre outros tantos exemplos.

Na arte realista crítica, o "efeito do real" e a retórica da verossimilhança deveriam ser acionados não para meramente configurar o quadro mimético dos costumes, mas para mascarar os próprios processos de ficcionalização e assim garantir ao leitor-espectador uma imersão no mundo da representação que, entretanto, contivesse uma análise crítica do social e da realidade. As diversas vertentes do realismo crítico tal como entrevistas na literatura de Flaubert (1821-1880), Maupassant (1850-1890) e até mesmo Balzac (1799-1850), endossavam a visão crítica do mundo social como domínio do desencantamento produzido pela perda do sagrado, do predomínio do pensamento científico, da exploração social e da hegemonia da racionalidade calculadora. A discrepância entre as expectativas e desejos dos protagonistas dos romances e o duro embate com a realidade teceu a trama das desilusões de inúmeros enredos.

Não é à toa que o romance ícone do olho crítico realista desvendando as ilusões sentimentais é o célebre texto de Flaubert, *Madame Bovary* (1857). Emma Bovary, a equivocada heroína de Flaubert, sofrera o contágio das leituras romântico-sentimentais. Vivendo uma existência de acanhamento provinciano, casada com um médico medíocre que, entretanto, a amava, Madame Bovary busca incessantemente realizar ideais de paixão amorosa adúltera. Estes ideais da paixão, por sua vez, eram fortemente acoplados aos seus anseios de consumo, pautados pela vida elegante. Flaubert confere à sua heroína um desfecho trágico e sem redenção. Emma fantasia amores e sacrifica o cotidiano da construção familiar em prol de desejos passionais e do consumismo fútil. Suicida-se enredada em dívidas e desilusões fabricadas pelo seu próprio desatino fantasioso. Entretanto, seu criador, Gustave Flaubert, famosamente declara "Madame Bovary c'est moi". Esse "c'est moi" não se reduz a uma questão de autoria, ou seja, eu sou ela porque a inventei, mas traduz um impasse da condição moderna fragmentada entre o desejo de fantasias e as engrenagens do social; entre auto-imagens do "eu" e a visão do indivíduo produzida pela própria sociedade.

Enquanto engendravam as críticas ao mundo social, esses romances abalizavam o realismo como a forma interpretativa da realidade. Se a arte realista questionava o *status quo* e possuía, para vários artistas, agendas políticas revolucionárias, o realismo como estética parte de pressupostos tais como argüição empírica e observação objetiva que caracterizariam o pensamento racional científico. Phyllis Frus argumenta que

> Parece [...] provável que os jornalistas e escritores de ficção no final do século XIX e nas primeiras décadas do século XX foram influenciados pelas mesmas forças culturais, como o domínio do conhecimento e da investigação intelectual, forjadas pela ciência empírica.[23]

Era essa, justamente, a busca da representação do escritor naturalista no século XIX, no qual a observação empírica deveria revelar, por meio de uma palavra literária transparente, os mecanismos da sociedade e o comportamento humano nas engrenagens do social. O naturalismo diferencia-se do realismo justamente na aposta científica da observação empiricista, na definição da natureza humana de acordo com premissas biológicas em que a psicologia individual é submetida aos critérios de uma tipologia de comportamentos. Entretanto, em vários outros escritores realistas do século XIX, tal como é o caso de Machado de Assis analisado nos estudos de Silviano Santiago, Roberto Schwarz e outros, a transparência da linguagem é eivada de complexidades. Na medida em que se problematiza a legitimidade da escrita, colocam-se em evidência os limites da verossimilhança e se esmiúça, exemplarmente, no caso de *Memórias póstumas de Brás Cubas* (1881), a própria ficção não como uma tela transparente ou um espelho sem mácula, mas uma construção resultante de uma contenda entre a tradição literária, a inventividade do escritor e as suas próprias percepções da tessitura social.

O realismo, acrescenta Frus, "não é o que nos dá uma documentação factual ou completa mas o que produz uma ilusão de mundo que reconhecemos como real".[24] É nessa equação que a narrativa e a visualidade realista encontram seu paradoxo. Se o discurso científico enfatizava a importância da prova empírica e tecia a separação entre fatos e ficções, a verossimilhança do realismo artístico embaçava as fronteiras entre a representação e a experiência vivida. Mas, o que marca de forma decisiva a polêmica moderna em torno do realismo estético é que, desde o surgimento da máquina fotográfica no século XIX, o status das estéticas realistas esteve fortemente acoplado aos meios de reduplicação do real e da realidade fomentados pela cultura visual e pelas novas tecnologias midiáticas. Na complexa relação entre as novas máquinas da visualidade (fotografia e cinema) e a literatura e as artes plásticas, as estéticas do realismo tiveram uma importância crucial já que, mesmo se valendo, inicialmente, de convenções pictóricas dos outros gêneros, a imagem técnica superou as demais artes na sua tradução do realismo mimético. De fato, como foi extensamente estudado, o impacto documental da imagem fotográfica debilitou os códigos de verossimilhança da pintura, assim como o cinema, posteriormente, influenciou a criação de imagens escritas e contribuiu para acelerar a dinâmica da ação no enredo literário. Sobretudo, a fotografia irá produzir um "efeito do real" de outra ordem e categoria. Afinal, toda imagem fotográfica possui o índice de que tal paisagem, objeto ou pessoa efetivamente esteve, durante um tempo pretérito, imobilizado diante da câmera. A máquina fotográfica testemunha uma presença passada, retém um espectro do tempo materializado. A fotografia realiza aquilo que Sontag denominou como sendo a transformação do mundo em imagem.[25] E o apelo dos meios de comunicação é fazer com que a imagem ou a narrativa midiática seja mais prenhe de realismo do que nossa realidade fragmentária e individual. Tecendo imagens e narrativas da realidade, os enredos e imagens dos meios midiáticos serão absorvidos no cotidiano de milhares de pessoas e se transformarão nos códigos interpretativos com os quais elas abalizam o mundo e tecem suas próprias narrativas pessoais.

A modernidade desencantada e reencantada enfatiza a primazia da visão por meio das novas máquinas da visualidade. A câmera fotográfica, o cinema e posteriormente, no final dos séculos XX e XXI, a realidade virtual potencializaram o "efeito do real". A realidade tornou-se mediada pelos meios de comunicação e os imaginários ficcionais e visuais fornecem os enredos e imagens com os quais construímos nossa subjetividade. O surgimento dos novos realismos na literatura, fotografia e cinema nos séculos XX e XXI atesta uma necessidade de introduzir novos "efeitos do real" em sociedades saturadas de imagens, narrativas e informações. Estes "efeitos do real" serão distintos daqueles do século XIX, não se pautam somente na observação empírica ou distanciada, mas promovem uma intensificação e valorização da experiência vivida que, entretanto, é ficcionalizada.

A arte de vanguarda do final dos séculos XIX e XX buscou, justamente, desmontar a naturalização da realidade e do real apoiada nos códigos estéticos do realismo da verossimilhança, insistindo no caráter construído da realidade e na possibilidade de se vislumbrar outro real no estranhamento artístico experimental.

A beleza das máquinas, o tumulto das grandes metrópoles, a vertigem da aceleração eram, para os futuristas italianos, um chamado para sepultar tanto as velhas retóricas adiposas da poesia simbolista e romântica, como também ensejavam a criação de uma nova linguagem, diversa do realismo costumeiro. Uma poesia sintética com o impacto de um soco, uma pintura pulsante de movimento, em vez do retrato realista estático, uma aposta no futuro sem o ranço do antiquário e do museu constituíam parte do novo vocabulário da vanguarda italiana insurgente. Com outras implicações políticas e opções estéticas, o futurismo soviético dos anos 1920 também irá "inaugurar o futuro no presente" com pinturas abstratas, poesias de verso livre, nova fotografia, cinema de montagem e arquitetura moderna. O futurismo soviético apostou na inovação estética e no experimentalismo como formas efetivas de implantação de uma nova consciência moderna que inauguraria a sociedade comunista revolucionária. Nessas produções, não se buscava somente utilizar o moderno como novo monumento estético – algo que será almejado nas produções estéticas fascistas e também na arte canônica do realismo socialista – já que o efeito catártico do experimentalismo era o "choque" inesperado do novo propondo uma outra agenda do olhar.

Nos anos de 1920, a implosão do cânone realista foi particularmente relevante para os artistas surreais já que, advogando a demolição das barreiras entre vida e arte, os surrealistas visavam dinamitar o senso comum da racionalidade burguesa exaltando o inconsciente, a imaginação, o primitivismo e a loucura. André Breton, como figura central do movimento surrealista, travou contenda direta contra a proliferação dos registros realistas pontificando:

> A atitude realista [...] inspirada, de santo Tomás de Aquino a Anatole France, no positivismo, se me afigura hostil a qualquer arrancada intelectual e moral. Tenho-lhe horror, pois ela é fruto da mediocridade, do ódio e de presunção rasteira. É dela que nascem, hoje em dia, todos esses livros ridículos que insultam a inteligência. Continuamente vemo-la fortalecer-se nos jornais, pondo a perder os esforços da ciência e da arte, ao mesmo tempo que se empenha em adular os gostos mais reles do público: a clareza que tende a confundir-se com a toleima, uma vida digna de cães. Com tudo isso vem a sofrer a atividade dos melhores espíritos: a lei do menor esforço acaba por se impor a eles, como aos demais.[26]

Em contraposição, ao realismo artístico e midiático que consideravam como fruto de um sentido comum restritivo e banal, os surrealistas buscavam uma iluminação profana que reencantaria o mundo com o maravilhoso. Um maravilhoso criado pelo olhar de estranhamento sobre o mundo material onde as coisas já não seriam artefatos inanimados, mas teriam o poder do olhar recíproco, uma nova realidade entrevista na montagem entre coisas díspares, realidades contraditórias e temporalidades diversas.

Enquanto os dadaístas e surrealistas travaram uma batalha contra os cânones do realismo convencional e da "bela arte" acadêmica, outros artistas modernistas, tais como o pintor Fernand Léger (1881-1955), que se autodenominava "novo realista", buscavam, justamente, desautorizar o realismo acadêmico das verossimilhanças, ativando novos códigos do realismo que respondessem ao impacto da estética das máquinas, sem recair no convencionalismo figurativo.[27] Entretanto, como já foi mencionado, a força mobilizadora da representação realista lhe conferiu uma importância ímpar na disputa política entre os grandes blocos fascista, nazista, comunista soviético e liberal democrático que polarizaram o mundo nas décadas de 1930 e 40. Como já foi intensamente debatido, após o experimentalismo dos anos 1920, a década de 1930 e os anos 40 consolidaram o endosso soviético aos preceitos do realismo socialista. O realismo socialista retomava, em grande medida, as formas narrativas e pictóricas figurativas do realismo canônico, enfatizando a retratação da sociedade agora sob o crivo da realização da promessa socialista. Ou seja, guardou os convencionalismos da representação de tipos e costumes agregados à consagração dos retratos dos líderes revolucionários e do povo. Na Alemanha nazista, Hitler condena a arte "degenerada" da vanguarda, mas igualmente repudia o realismo crítico. Entroniza o monumentalismo clássico, a pintura dos costumes na luz sentimental-*kitsch*, as mitologias nacionais e promove a "cultura do espetáculo" em filmes, fotografias e *meetings* políticos. Nos países capitalistas, a vanguarda atiçava a disputa contra petrificados cânones do realismo e da arte acadêmica e também buscava demolir os efeitos "ilusórios" da indústria cultural.

Nessa contenda, Bertold Brecht (1898-1956) irá tanto rejeitar o realismo socialista quanto o realismo burguês. O realismo, na ótica de Brecht, dependia do efeito produzido pela obra de arte. Ou seja, era proveniente de uma relação entre o artista e sua audiência. Caberia ao artista engajado engendrar outras formas de conceber a realidade inventando novos códigos atrelados ao seu tempo. O realismo do século XX deveria ser arriscado e inovador, deveria: "ser conquistado", a partir de um mundo de novos materiais, vitrines de loja, filmes e tecnologias".[28] Já para Georg Lukács (1885-1971), o defensor máximo do realismo crítico nas modalidades do romance burguês, o realismo do século XX ainda deveria estar atrelado aos propósitos humanísticos do século XIX pois tratava-se de descortinar os mecanismos sociais que configurariam as diretrizes da história e da vivência humana. Em vez de apostar na relevância da experimentação vanguardista ou modernista, Lukács validou a correspondência entre as formas narrativas do cânone realista e a possibilidade de discernir criticamente a realidade social e a condição existencial. Entretanto, se artistas como Fernand Léger, vanguardistas como Malevich, e, posteriormente, em 1960, os "Novos Realistas" franceses irão reivindicar a denominação de realistas, sob o argumento de que o realismo não poderia ser confinado ao imitativo ilusionista, aos cânones da arte burguesa, ao figurativo ou à verossimilhança do sentido comum, o termo"realista"se esgarça e perde sua correspondência com a fabricação social do cotidiano.

A despeito da nomenclatura que certos artistas de vanguarda e do modernismo deram ao "realismo", o cânone realista que se estabeleceu no século XIX, enfatizando a vida costumeira, a representação figurativa, o retrato social e a psicologia dos personagens, consolida-se como marco definidor de um sentido comum cotidiano. Evoco, neste aspecto, as palavras de Gustave Courbet (1819-1877), o pintor emblemático do realismo pictórico no século XIX. Ao ter suas telas rejeitadas pelos salões de pintura acadêmica, Courbet redige seu manifesto sobre o realismo e enfatiza: "Atingir a habilidade através do conhecimento – este tem sido meu propósito. Gravar as maneiras, idéias e aspectos da época tal como eu as vi – ser um homem além de um pintor, em suma, criar uma arte viva – esse é o meu objetivo."[29] Portanto, há nessa premissa realista um desejo ativo de ancorar a representação com as experiências e os ideários do seu tempo. Nota-se que Courbet não endossa meramente a transparência e a objetividade científica que será depois sustentada pelo escritor máximo do naturalismo, Émile Zola (1840-1902). Na prédica de Coubert, há o posicionamento do olhar subjetivo contido nas palavras "as idéias e os aspectos da época como eu as vi", mas esta visão está posta a serviço de um engajamento objetivo no mundo.

Evidentemente, o "efeito de real" dos realismos dos séculos XX e XXI será outro. A desconstrução da objetividade distanciada, a validade da subjetividade e a percepção do caráter fabricado do social pelos meios de comunicação afastam-se tanto da idéia da experiência direta quanto do ideal da neutralidade objetiva científica do realismo anterior. Mas, em suas variadas manifestações, o realismo crítico busca o resgate da experiência e uma apreensão do contemporâneo expressa pelo anseio da "arte viva".

A noção de "arte viva", entretanto, é em si problemática, na medida em que um dos postulados da vanguarda artística é o de justamente dinamitar as barreiras entre vida e arte, modificando os hábitos perceptivos de ambas. Neste sentido, uma gama de críticos tem argumentado que a vanguarda explorava a modificação do conceito de arte e a própria percepção do real, enquanto o modernismo estético visava produzir novas formas de narrar a modernidade nos metacódigos da produção artística. A vanguarda estaria dinamitando as percepções normativas do real e revelando as fabricações sociais da realidade, enquanto os modernistas estariam modificando as percepções estéticas da arte. Mas estas distinções perdem vigência quando notamos como a absorção de obras modernistas pôde produzir um efeito desestabilizador maior do que muitos gestos vanguardistas revolucionários, que quase sempre atingiram um público reduzido. Sobretudo, é importante ressaltar que as linhas divisórias entre vanguarda e arte modernista foram muitas vezes artificialmente arquitetadas. Tanto a vanguarda quanto a arte modernista, conforme a argumentação de Andreas Huyssen, tiveram de fazer frente à produção de mundos simbólicos pelo advento da sociedade de massas durante o século XX.[30]

Na contemporaneidade, nota-se o esgotamento da vanguarda, a consolidação plena dos meios de comunicação e uma busca pelo "real" em sociedades fortemente midiatizadas. Ao longo do século XX, a arte de vanguarda, conforme ressalta García Canclini, encontrou-se esvaziada do seu projeto político na medida em que foi institucionalizada pelo museu e absorvida pelo mercado.[31] Em outras palavras, a ruptura experimental das vanguardas e a valorização do novo no modernismo tornaram-se os valores aceitos pelas próprias instituições e pelo mercado ávido de novas reciclagens. No final do século XX e princípios do século XXI, já não se trata do embate entre vanguarda, cultura de massa e alto modernismo. Independentemente da qualidade, da experimentação formal ou do conteúdo, qualquer obra de arte é posta em circulação por meio dos mercados e dos meios de comunicação.

Nas últimas décadas, o *boom* da cibercultura e a criação de mundos virtuais na Internet modificaram os parâmetros conceituais sobre a cultura de massa. Se a crítica aos modelos de entretenimento consagrados pela Escola de Frankfurt se baseava na denúncia da manipulação e domesticação do público forjada pela indústria cultural, as novas tecnologias da cibernética desestabilizam as teorias da absorção passiva na medida em que a interatividade dos usuários com outros usuários e com as próprias tecnologias digitais promove agenciamentos. Mas, sobretudo, a cibercultura vem adicionar uma outra dimensão ao debate da representação já ela é capaz de criar realidades virtuais que fabricam não os "efeitos do real" usuais, mas "efeitos hiper-reais". Diversamente da imersão no livro de ficção, na sala escura do cinema ou na contemplação da imagem fotográfica, a interação cibernética coloca o usuário numa suprazona de contacto que independe de sua localização espacial específica. Não se trata apenas de criar uma bolha imaginativa que atue como um parênteses de reclusão em face do contorno imediato, mas de fabricar outros espaços cibernéticos com suas próprias demarcações e formas de comunicação. Mas, conforme as sugestões anunciadas no início deste ensaio, novas tecnologias da visualidade e novas formas de produção de imagens e simulacros não cancelam o "anseio pelo real". Se assim fosse, o advento da fotografia teria sepultado, de uma vez por todas, as formas realistas e figurativas da pintura. No entanto, o realismo pictórico prosperou na França mesmo com a fotografia. E os encontros virtuais na Internet são, tantas vezes, transformados em contatos diretos na vida real.

Permanece em pauta, portanto, a questão sobre o teor de experiências que já não se processam de corpo presente, de interações que se realizam por meio de telas cintilantes, de diálogos e mundos imaginários que somente existem na efemeridade do ciberespaço. Apesar da interatividade do usuário, a Internet, assim como os outros meios de comunicação, é regida pela descorporificação dos usuários, agregada à simultaneidade temporal e à abstração espacial. Usuários se comunicam em sites, chats, e-mails, blogs e fotologs estando em Cingapura ou Manaus. Se a cibercidade não elimina a cidade real, as experiências mediadas pela mídia não cancelam experiências vividas. Entretanto, as experiências vividas são alimentadas e interpretadas também pelo prisma midiático, entre outros.

O apelo das estéticas do realismo enquanto "arte viva" ou enquanto resgate da experiência se dá no contexto de sociedades institucionalizadas e midiatizadas onde não somente as atividades são regulamentadas em nichos institucionais específicos (escola, hospital, fábrica, entre outros) como o acesso à realidade é moldado pelos meios de comunicação que fornecem, inclusive, os imaginários para a invenção e fabricação do indivíduo.

Neste sentido, nas últimas décadas, os debates em torno da "cultura do espetáculo" (Debord, 1967), da desaparição do real pela produção do simulacro (Baudrillard, 1983) ou a crítica à perda do sentido da história por meio do pastiche midiático e artístico (Jameson, 1991) são parte central das discussões sobre a condição pós-moderna que enfatiza a porosidade entre o vivido e o imaginado; entre a experiência e a produção da realidade pelos meios de comunicação; entre a memória pessoal, histórica e coletiva e as memórias imaginadas dos meios de comunicação.

Para Debord, que articulou sua crítica à sociedade capitalista ocidental em pleno auge das mobilizações estudantis dos anos 1960, a sociedade do espetáculo é uma relação entre o espectador e o processamento de imagens que ocasiona o apagamento do mundo simbólico, na medida em que engloba a totalidade do sistema social e submete qualquer vivência às mediações da mídia. Regidas pela lógica capitalista da circulação, as imagens imperam, impõem o domínio da aparência e fomentam a alienação social já que dinamitam agenciamentos sociais em prol das fabricações visuais que não convidam ao diálogo, mas à mera passividade da absorção consumista. Em Debord, há, todavia, a expectativa da derrocada do espetáculo pelo agenciamento revolucionário mobilizador. A tomada das ruas, a ação política do protesto, a ocupação ativa da arena pública seriam as medidas insurrecionais para a derrocada do império das imagens.

Já para Baudrillard, que escreve seu famoso ensaio "A procissão dos simulacros" no início dos anos 1980, as perspectivas de agenciamento político foram completamente esmagadas pelo domínio não mais da mera imagem, mas do simulacro midiático. Enquanto a imagem, mesmo na sociedade do espetáculo, retém uma correspondência entre o real e sua representação, no mundo dos simulacros não há mais real nem realidade. Há somente a realidade dos simulacros que são narrativas, cópias e imagens autônomas, que não possuem lastro no real. Assim, as notícias televisivas que comentam eventos, atentados, celebridades estariam na plena ordem do simulacro, porque atuam em esfera própria, fabricando enredos próprios como num jogo virtual.

Fredric Jameson também irá questionar o domínio das imagens e do real na lógica cultural da pós-modernidade. Para o marxista americano, trata-se de verificar o esgotamento político das narrativas do futuro, algo que impossibilitaria uma tomada de poder na acepção de Debord, mas isto não significa que o real e a realidade foram deslocados pelo simulacro total.[32] Na análise de Jameson, o pós-moderno seria um estágio no desenvolvimento do capitalismo tardio, marcado pelo desaparecimento da natureza e o apagamento do sentido da história. A arte pós-moderna não mais regida pelo imperativo do novo, que caracterizava as produções modernistas, investe na combinação eclética de estilos, imaginários e tradições culturais desancorados de vivências históricas e práticas coletivas. Estaríamos, nesta acepção, rendidos aos jogos lúdicos dos parques temáticos e dos shopping malls. Tudo se combina e se neutraliza na circulação de um presente saturado de mercadorias, imagens e realidades mediadas.

Sem negligenciar a saturação midiática, o crítico literário Andreas Huyssen propõe uma visão mais nuançada do momento contemporâneo.[33] A crise do futuro, ocasionada pela derrocada das utopias socialistas ou libertárias implica, segundo Huyssen, uma problematização do conceito do futuro no próprio imaginário capitalista atual. Se já não há crenças nem tomadas de posição revolucionárias e se endossar a aceitação do mundo-simulacro não conduz a nenhuma saída porque essa afirmação em si mesma contém premissas totalizadoras que renegam a diversidade de modernidades e experiências de mundo, resta apostar num sentido crítico do presente que passa por uma avaliação da história, da memória e do desejo pelo real. Huyssen explicita que um ingrediente utópico persuasivo da arte modernista estava contido na busca pela epifania que, momentaneamente, suspenderia o fluxo temporal, a banalidade do cotidiano, a descartabilidade do sujeito para atiçar uma sublimação da experiência como algo revelatório. Mas esta experiência epifânica, argumenta, era contraposta aos mundos repressivos, sociedades ainda disciplinares, culturas ainda prenhes de tradições, porém:

Quando este mesmo presente, entretanto, tenha sido progressivamente deslocado da tradição, quando a saturação da mídia apaga diferenças espaciais e temporais fazendo com que todo lugar, todo tempo seja disponível para um replay instantâneo então o retorno da história e da memória também pode ser entendido como uma tentativa de encontrar um novo chão.[34]

A procura pelo passado, a memória e o real não seria mero exercício de nostalgia, mas uma busca por significações fora do niilismo apocalíptico, do conformismo consumista ou da desilusão política.

Creio que é nesta indefinição dada pela crise dos imaginários do futuro, da proliferação midiática, da perda de espaços públicos, do esgarçamento de experiências coletivas e da disputa em torno da conceituação da realidade social que as estéticas do realismo aguçam os paradoxos do momento contemporâneo. Se, conforme a análise de Jameson, aceitamos que o realismo é um conjunto de estéticas que camuflam seus próprios mecanismos de fabulação ao pretenderem "representar a realidade", só podemos chegar à conclusão de que ele está a serviço de uma determinada ideologia, ideologia essa que o pensador marxista aloca na acepção burguesa do sentido comum do mundo.[35] Esta naturalização do realismo, por sua vez, promoveria o cardume de narrativas, imagens e gêneros literários que inundam o mercado não como "arte viva", mas como produtos a serem consumidos, desprovidos de potencial político. Embora não negligencie que os mecanismos de circulação, inserção e vendagem de imagens, narrativas e notícias estão fortemente controlados por interesses econômicos e atrelados à manutenção do *status quo*, enfatizo a premissa de que nenhum sistema é totalizante. Nem os *mass media* são homogeneamente iguais, nem os públicos receptores são idênticos, nem as instituições são impermeáveis ao escrutínio, nem os imaginários sociais sucumbem inteiramente à cultura do espetáculo. Que a lógica da cultura do espetáculo permeie o social não significa que a imagem tornada realidade cancele agenciamentos. As fotografias dos campos de extermínio, as imagens da guerra do Vietnã e as recentes fotografias sobre o abuso dos prisioneiros iraquianos por soldados americanos na ocupação do Iraque, entre tantos outros exemplos, atestam o poder mobilizador da fotografia pública. O real e a realidade nos importam porque pautam nossa possibilidade de significação no mundo. Importam também porque o real e a realidade são arduamente contestados e fabricados. Num mundo de realidades em disputa, as estéticas do realismo no cinema, fotografia e literatura continuam a ser conclamadas a oferecer retratos candentes do real e da realidade, são acionadas a revelar a *carne do mundo* em toda sua imperfeição.

2. O visível e os invisíveis: imagem fotográfica e imaginário social

COM MAURÍCIO LISSOVSKY

Introdução

As novas tecnologias audiovisuais não constituem apenas uma diferença técnica e material em face dos meios de representação das culturas letrada e oral. Elas surgem no bojo de um intrincado processo de modernização social que tanto minou hierarquias sociais quanto fomentou uma acirrada disputa por uma nova dimensão do espaço público. Desde o século XIX, a popularização da câmera fotográfica e, posteriormente, ao longo do século XX, o advento do cinema e da televisão tornam a visibilidade pelos meios de comunicação um requisito da invenção da realidade nas sociedades de massa. Os meios de comunicação acabam por constituir nas sociedades democráticas contemporâneas, novas arenas públicas para multidões de espectadores-cidadãos. Se, conforme Benedict Anderson, os sentimentos de nacionalidade no século XIX prosperaram graças à difusão da imprensa que pautou o cotidiano de uma "comunidade imaginada", no século XX, a cultura da imagem, notadamente a televisão, vai desempenhar um papel decisivo na determinação da época e do lugar dos nossos pertencimentos coletivos.[1]

Mas se nos tornamos, hoje, demasiadamente visíveis, a hipervisibilidade contemporânea encontra suas raízes na crença e no desejo propriamente modernos de apropriar-se do mundo por meio do olhar. De fato, à modernização da cultura e das sociedades correspondeu uma crescente secularização do invisível. O domínio do invisível, antes associado ao oculto, ao misterioso e ao mágico, torna-se um novo território desencantado, virtualmente anexável ao visível graças ao desenvolvimento da ciência e da técnica. Desde o século XIX, a fotografia exerceu um papel importante nesse processo de desvelamento do mundo, pois foi logo percebida, à diferença de outras imagens, não apenas como um meio de *representar o mundo visível*, mas de *tornar o mundo visível*. Neste sentido, desde os seus primórdios, a experiência da fotografia não esteve apenas associada ao passado, como retenção do fluxo temporal, congelamento do movimento, mas inclinava-se igualmente em relação ao futuro, como expectativa do que a imagem viesse a figurar. Esta característica acentuou-se ao longo do século XX, com a difusão da cultura do instantâneo e a naturalização do flagrante fotográfico.

Este ensaio explora três conjuntos de fotografias, produzidos em distintos períodos da história brasileira: retratos de escravos urbanos de meados do século XIX, durante o Segundo Império; fotografias de propaganda política realizadas pelo Estado Novo, no início dos anos 1940 (a *Obra getuliana*); e imagens contemporâneas de projetos comunitários de "inclusão visual". Ao examinar estas fotografias, nossa atenção não se volta apenas para as marcas do que passou, gravadas em sua superfície, mas, principalmente, para os vestígios de futuro que carregam consigo. Isto é, no modo como definem o cenário, incluem ou excluem protagonistas e, sobretudo, ensejam pedagogias do olhar que permitiriam vislumbrar nelas os sinais do porvir, *tornando visíveis* modernidades imaginadas. De fato, cada um daqueles conjuntos organiza a experiência temporal de um modo característico: no *carte de visite*, o testemunho da continuidade, geração após geração, do passado em direção ao futuro; no caso da *getuliana*, a inauguração do futuro no presente; e, finalmente, nas fotografias "inclusivas", uma ênfase no presente em que o futuro é mantido em suspenso. Em cada um deles, portanto, uma das versões da modernidade: como *progresso*, como *ruptura*, como *reivindicação do cotidiano*.

Os três conjuntos foram selecionados em virtude de uma característica comum. Os dois primeiros foram condenados à invisibilidade pouco depois de terem sido realizados: os retratos de escravos feitos por Christiano Júnior só foram "descobertos" e publicados após mais de um século de esquecimento,[2] e as fotografias da *Obra getuliana* permanecem praticamente inéditas até os dias atuais.[3] Por sua vez, as fotografias oriundas dos projetos de inclusão visual, patrocinadas por organizações não-governamentais no início do século XXI, foram concebidas para superar a invisibilidade a que estariam condenadas as comunidades faveladas do Rio de Janeiro. Enquanto os primeiros tiveram de esperar pela intervenção iluminista de arquivistas e historiadores para tornarem-se novamente visíveis, o terceiro conjunto faz da luta cotidiana contra a estigmatização pelos meios de comunicação a principal justificativa de suas imagens. Acreditamos que pelo jogo de aparecimentos e desaparecimentos em que estas fotografias estão envolvidas é possível observar alguns dos impasses e contradições dos projetos e sonhos de modernidade no Brasil.

CHRISTIANO JÚNIOR, 1865

O carte de visite e a sociedade imaginada

No decorrer do século XIX, por intermédio da fotografia, os limites entre o visível e o invisível passam por uma radical transformação. O invisível vai perdendo o seu caráter transcendente e assume formas variadas de vicinalidade em relação ao visível: longínquo, diminuto, interno, rápido. Os retratos espirituais, a decomposição do movimento, as iconografias da insânia e das doenças da alma, os inventários dos tipos criminais, a fotografia etnográfica, as ruínas, os fósseis, as paisagens estrangeiras são pungentes testemunhos dessa agenda de anexação do invisível. A fotografia oitocentista estava a serviço de um império – o império do visível – que pautou a ciência dos séculos XVII ao XIX, herdeira do Iluminismo na sua luta incansável contra a obscuridade do mundo.

O lugar específico do retrato burguês nesta agenda do invisível é algo que tem sido pouco debatido, no entanto, entre todos os gêneros praticados e funções cumpridas pela fotografia na segunda metade do século XIX, ele foi certamente o mais difundido.[4] Especula-se que mais de 90% das fotografias realizadas no referido período sejam retratos, em sua maioria no formato *carte de visite*. A difusão mundial desta tecnologia e dos procedimentos técnicos e valores estéticos a ela associados resultou em um padrão imagético tão homogêneo, que mesmo um olhar treinado teria bastante dificuldade em distinguir retratos produzidos neste ou naquele país e, sobretudo, por um ou outro fotógrafo. Também do ponto de vista diacrônico, as diferenças são quase imperceptíveis. No Brasil, onde o *carte de visite* começa a ser amplamente utilizado a partir da década de 1860, ele ainda vigorou na primeira década do século XX, particularmente entre fotógrafos estabelecidos fora da capital do país.

Tamanha prevalência e durabilidade devem-se ao fato de o *carte de visite* não ser apenas um formato ou uma tecnologia, mas, verdadeiramente, um "dispositivo" fotográfico complexo, com profundas implicações sociais. Patenteado por André Disdéri, em 1855, barateou enormemente o custo do retrato, tornando-se a forma favorita de personalizar os cidadãos burgueses em meio a um ambiente que lhes valorizava a figura e a posição social. Além do custo relativamente baixo e de seu caráter múltiplo, que permitia a distribuição de cópias dos retratos entre parentes e conhecidos, o dispositivo do *carte de visite* possuía uma outra característica fundamental e inovadora: ele induzia à coleção por meio de álbuns dotados de cantoneiras ou molduras no tamanho exato dos cartões que serviam de suporte às imagens. Nestes álbuns, as famílias colecionavam, além das efígies de seus membros, retratos de amigos, da família imperial brasileira, de personalidades nacionais e estrangeiras. O álbum de *carte de visite* formava uma espécie de *comunidade visível da boa sociedade* que, ao mesmo tempo que nivelava a todos, emprestava a cada um a dignidade que emanava de seus vizinhos de página.

André Disdéri, inventor do *carte de visite*, foi o mais famoso e bem-sucedido retratista da década de 1860. É a ele que Benjamin se refere como sendo o primeiro "milionário" feito pela "indústria fotográfica".[5] Porém, além do tino comercial e do talento como propagandista de si mesmo, Disdéri também foi o primeiro e mais influente teórico do retrato no século XIX. O objetivo primordial de sua teoria era, precisamente, fazer emergir o notável no que permanecia sendo comum, isto é, evitar que o destaque conferido ao modelo desgarrasse o sujeito de seus pares. O melhor termo de que podemos nos valer para sintetizar a operação fotográfica do retratista clássico é *distinção*, no duplo sentido que carrega. Por um lado, a *distinção* que assinala o caráter elegante, discreto e honrado de cada um dos membros da comunidade de fotografáveis; e, por outro, a *distinção* que dá a ver, em cada um, seu traço característico, sua peculiaridade, sua personalidade. O retrato fotográfico do século XIX resulta de um delicadíssimo processo de *individuação por distinção*, que deve, por um lado, *dignificar sem sobressair*, e, por outro, *distinguir sem disparatar*.

Para Disdéri, o objetivo da arte do retrato não era reproduzir fielmente as aparências, mas, sobretudo, revelar a "semelhança moral" dos indivíduos. Se, nos retratos fotográficos das primeiras décadas, o fotógrafo devia, sobretudo, "recolher-se", favorecendo a lenta emergência da personalidade de seu modelo (princípio que seguiu sendo adotado por fotógrafos como Nadar e Carjat), na confecção do *carte de visite*, o fotógrafo devia "impor-se", sendo absolutamente necessário que o "artista estivesse a sós com seu modelo a fim de fazê-lo sofrer sua influência, de impressioná-lo."[6] Mesmo assim, a cooperação do modelo era tida como decisiva, sendo almejada por ambos. Buscava-se, sobretudo, constituir o salão de pose como o lugar em que uma certa modelagem tivesse curso. Modelagem que dependia tanto do olhar do fotógrafo quanto do modelo. Neste sentido, a constatação de que sinais artísticos de autoria são pouco evidentes nos retratos oitocentistas não decorre da pobreza de recursos estéticos, mas de que, a rigor, os modelos deveriam ser considerados co-autores de seus retratos.

A modelagem dos retratados obedece a um critério socialmente difuso de constituição da imagem de si como imagem pública a que aspiram quase todos os fotografáveis. Cada retrato, fosse de uma personalidade ou de um pequeno-burguês irrelevante, deveria representar o caráter da sociedade como um todo. Somente a partir de sua "semelhança moral" é que as diferenças individuais poderiam ser legitimamente expressas na fotografia. A forma dessa semelhança, construída coletivamente, era o invisível próprio ao retrato oitocentista que cabia ao fotógrafo revelar. Neste sentido, o álbum é um objeto peculiar: uma introjeção do espaço público no interior do espaço privado. Seu lugar próprio é a ante-sala ou a sala de visitas, de onde toda a intimidade havia sido praticamente banida.[7]

O repertório de poses e gestos no *carte de visite* não foi criado pela fotografia. Foi herdado da pintura, dos livros de etiqueta e de toda uma literatura sobre as aparências muito difundida no século XVIII (fisiognomia, frenologia, tipologia). Para fazer bons retratos, Disdéri recomenda que o artista aprenda a conhecer bem o "tipo" e o "caráter" de seus modelos. Os maneirismos e atitudes que as pessoas demonstram à primeira vista seriam sempre ilusórios, o modelo deveria ser "despido" destas superficialidades para que o "verdadeiro caráter" viesse à tona. A pose adotada é a síntese alcançada pela compreensão deste caráter. Feito isto, o fotógrafo deve voltar-se para a fisionomia. Desafios terríveis o aguardam. Tudo ali confunde e perturba a fixação do caráter: toda uma balbúrdia de pequenos movimentos de lábios, olhos e das dezenas de músculos da face. Toda esta multiplicidade deve ser depurada do mundano e idiossincrático de modo a fazer surgir a melhor expressão facial de cada indivíduo. O fotógrafo recorre à conversa. Neste diálogo, aparentemente trivial, as expressões faciais do modelo sucedem-se caoticamente. O fotógrafo deve retê-las na memória e imaginar sua adequação às poses. Finalmente, uma configuração da fisionomia é escolhida. Chega-se à etapa mais difícil do ato fotográfico. Como reviver esta expressão no rosto do modelo? Para reevocar no modelo o sentimento preciso correspondente à expressão escolhida, o fotógrafo recorre à "faculdade inata de imitação" dos seres humanos e ao fato de que atitudes e expressões são socialmente contagiosas. O fotógrafo assume então, ele próprio, a expressão escolhida, "identificando-se" com a "situação moral" desde onde ela emergiu. Induzida pela expressão do fotógrafo, a face do modelo adquire então a configuração desejada e o retrato pode ser feito.[8]

Toda a dimensão do *carte de visite*, como retrato social dos indivíduos, revela-se aqui nesse procedimento mimético. O estúdio do retratista é um teatro social, onde o fotógrafo deve ser capaz de representar todas as máscaras morais convenientes à vida em sociedade. Neste curioso jogo de espelhos, o modelo, mirando-se no fotógrafo, torna-se espectador de si mesmo. E o *carte de visite* dá-se a ver como um dispositivo a serviço de uma pedagogia do sujeito social como ser moral.

Reunidos em álbuns, os *carte de visite* são a manifestação de uma utopia caracteristicamente moderna. Em face de uma experiência cotidiana cada vez mais fragmentada e acelerada, em que pertencimentos tradicionais começavam a esmaecer-se, o burguês do século XIX reconfortava-se com seu Novo

Mundo de imagens, cuja estabilidade era garantida pela existência de outras coleções das quais ele estaria presumidamente ausente (os retratos licenciosos, as fotografias de identificação criminal, de tipos estrangeiros e de insanos). O cidadão honrado deveria exercer um controle purgativo e disciplinado sobre suas próprias taras. Assim sendo, o mundo das quimeras interiores, as angústias do ser e os desejos ilícitos deveriam permanecer invisíveis, à medida que a natureza deliberativa do caráter fosse esculpida e ressaltada. O ser é aclamado enquanto projeto social decorrente de uma automodelação exemplar.[9] Utopia da visibilidade que se ergue, entretanto, em contraste a uma agenda oculta do indecoroso. Em sua feição redentora, o álbum de retratos consubstanciava o sonho de que, em alguma instância, as características e talentos individuais dos homens notáveis, por mais diferentes que fossem entre si, reuniam-se numa *comunidade de semelhantes,* cuja existência virtual assegurava, geração após geração, o "progresso social".

Escravos na sala de visitas

Em 1863 chega ao Rio de Janeiro, procedente de Alagoas, o fotógrafo português, nascido nos Açores, Christiano Júnior. Dedica-se, como a maioria de seus colegas, ao ofício de retratista. Não havia mais de trinta ateliês de fotografia estabelecidos na Corte, àquela época, e a clientela de aristocratas e endinheirados era insuficiente para garantir o sustento de todos. Boa parte desses fotógrafos exercia simultaneamente outras atividades – livreiros, fabricantes de tintas, mágicos –, e quase todos negociavam reproduções de pinturas, gravuras e retratos de personalidades estrangeiras.[10] Christiano Júnior, em particular, oferecia ao "respeitável público, e aos seus amigos e fregueses", uma "grande coleção de homens célebres da guerra atual"[11] – isto é, a Guerra do Paraguai –, e expunha, com toda

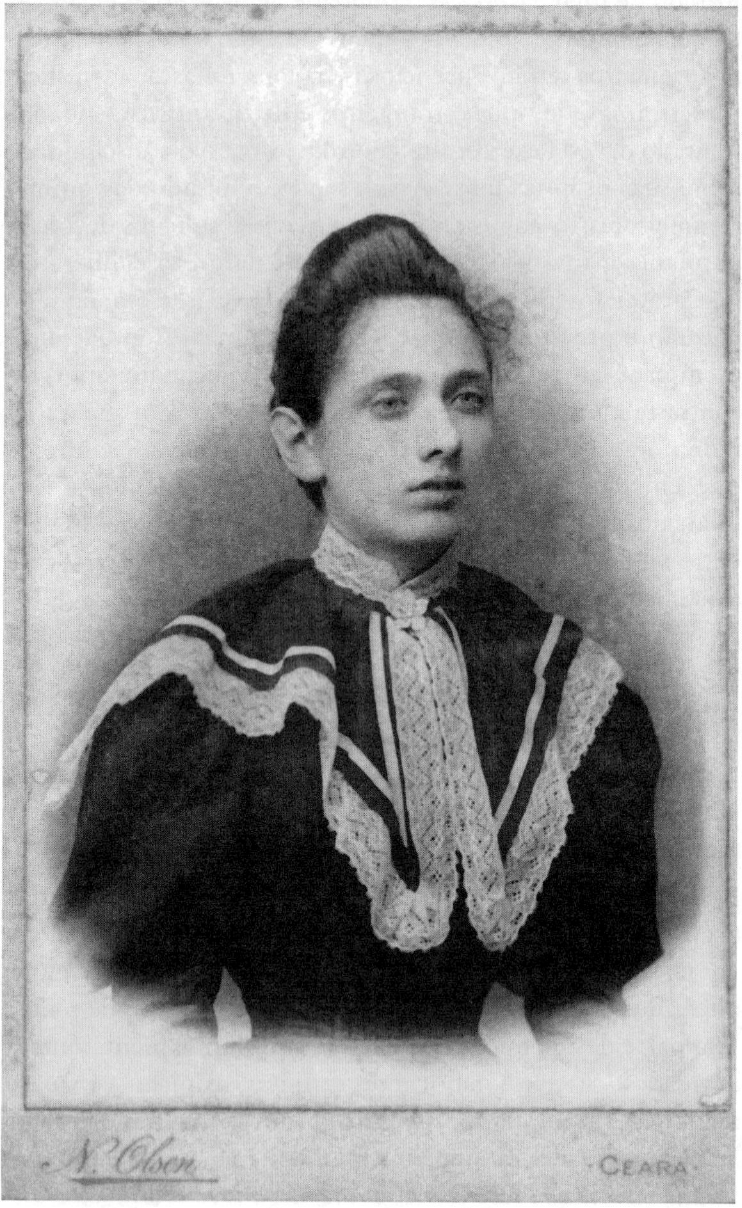
N. Olsen
CEARA

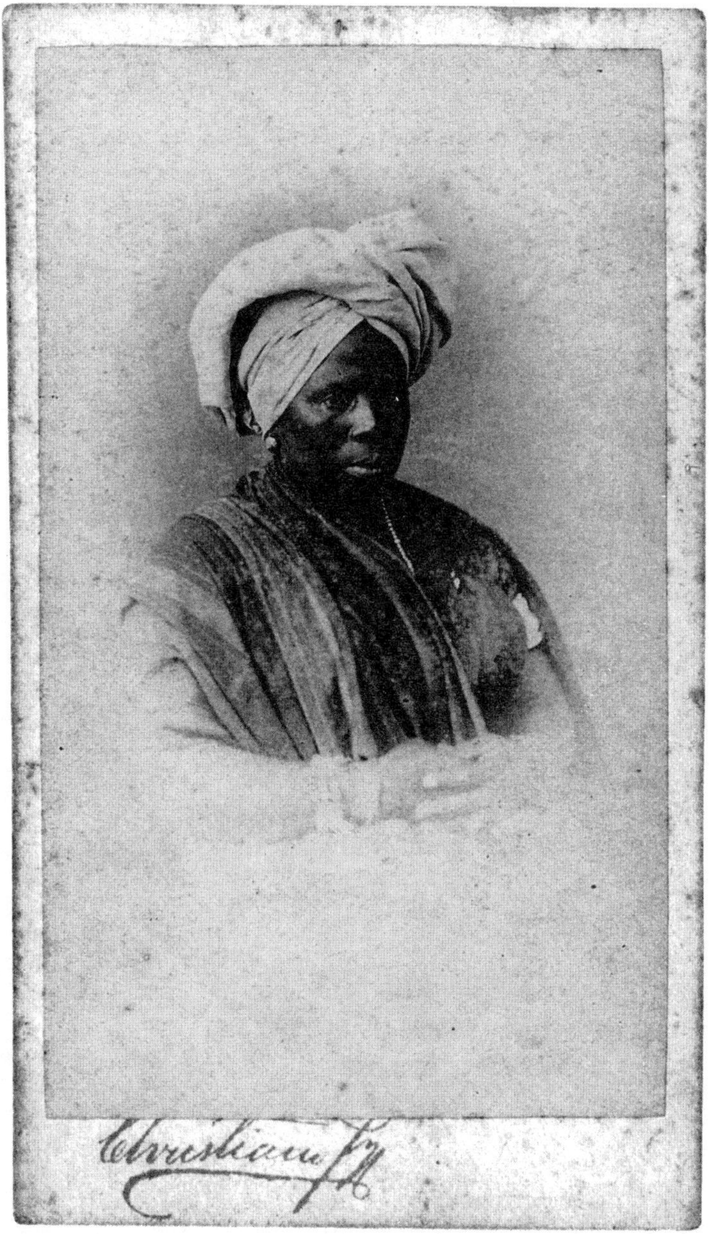

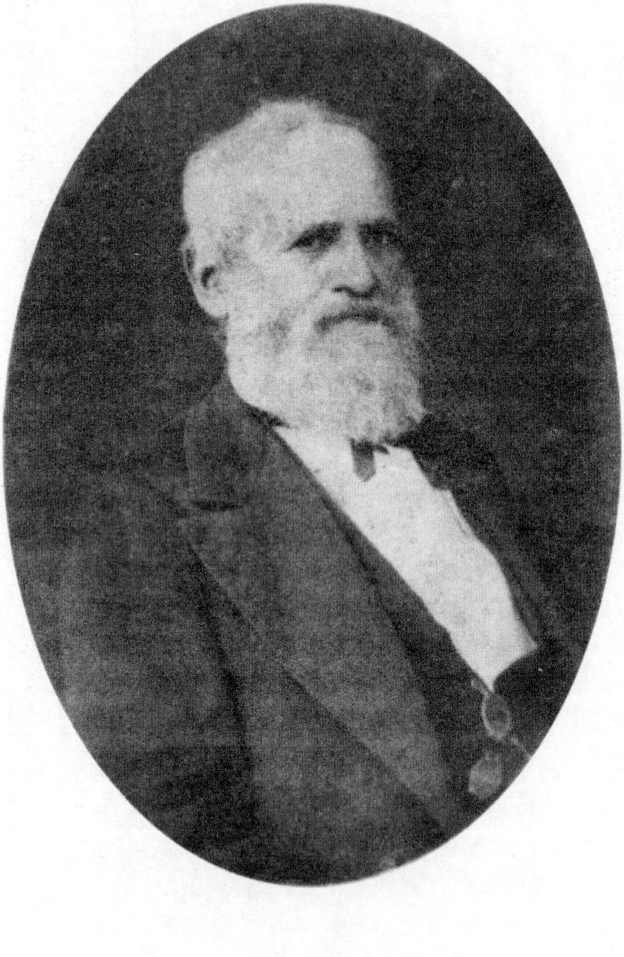

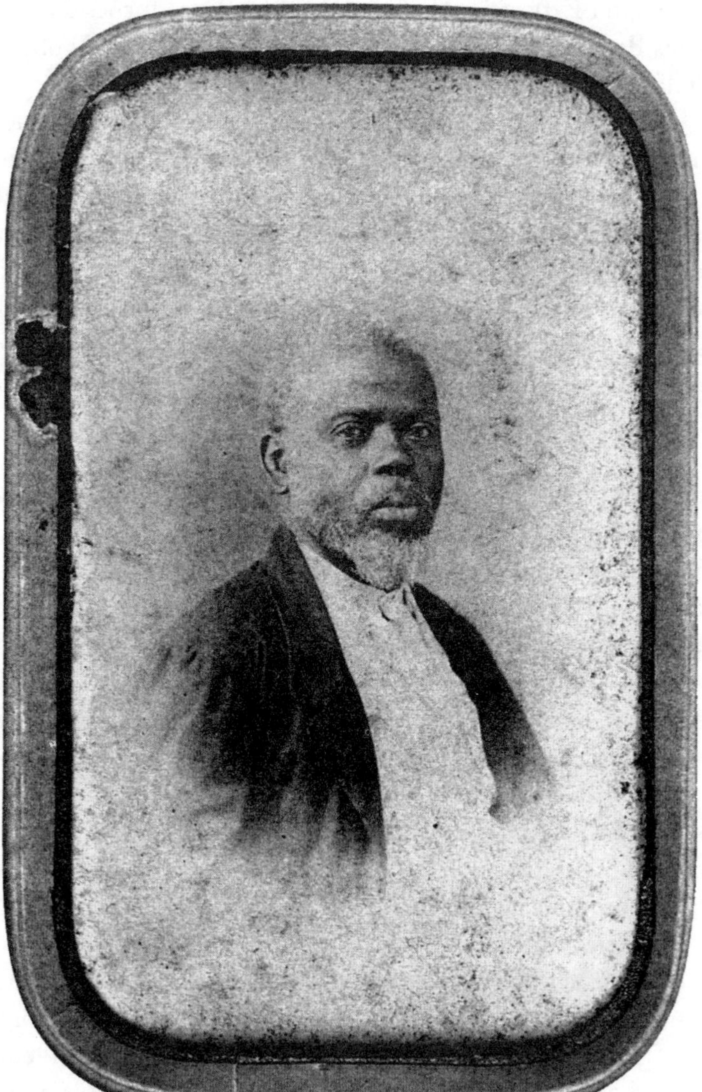

pompa, na Exposição Nacional de 1866, reproduções das gravuras da edição de 1817 de *Os Lusíadas,* pelas quais obteve medalha de bronze no certame.

Até 1988, esse fotógrafo não havia merecido mais do que a simples menção à sua existência nos livros dedicados à história da fotografia brasileira oitocentista. Porém, em 1865, ele havia realizado um empreendimento singular e inteiramente original. Pôs-se a fotografar, provavelmente nas horas vagas de seu ateliê, os escravos que perambulavam pelas ruas do Rio de Janeiro. O pouco tempo que dedicou a esta tarefa foi suficiente para produzir a mais antiga, maior e mais inusitada coleção de fotografias de escravos brasileiros.

Se as circunstâncias em que foram realizadas essas imagens nos parecem hoje inusitadas, é igualmente surpreendente que tenham permanecido virtualmente desconhecidas por mais de um século. A invisibilidade das fotografias de escravos de Christiano Júnior (quase oitenta já foram identificadas) é especialmente curiosa porque o principal conjunto de sua obra esteve em poder do SPHAN (atual IPHAN), órgão responsável pelo patrimônio histórico e artístico nacional, desde a sua fundação, em 1937, e não em mãos de obscuros colecionadores privados. Entretanto, essas imagens permaneceram esquecidas, atadas por um elástico, no fundo de uma gaveta e só foram resgatadas para publicação em 1988, ano em que se comemorou o centenário da Abolição.

Invariavelmente descalços, alguns ostentando nos rostos as escarificações rituais africanas, esses escravos foram retratados exercendo uma variedade de pequenos ofícios, tais como o de ambulantes, barbeiros, carregadores, cesteiros, vendedores de água, leite, flores, frutas e legumes. Esses retratos pouco ou quase nada correspondem ao paradigma antropológico das classificações étnicas e raciais da época, assim como não eram passíveis de serem vistos como ilustrações científicas. Tampouco encontramos, entre eles, as imagens de escravos domésticos incorporados aos retratos da família senhorial – a amade-leite convocada para manter quieto o sinhozinho durante o longo procedimento fotográfico da época é o caso mais recorrente. Algumas das africanas, elegantemente trajadas, e que Christiano trata como "modelos" – fotografando-lhes o busto, de corpo inteiro ou sentadas, conversando com uma companheira – podem remeter, à primeira vista, aos retratos de mucamas favoritas, encomendados por seus senhores (de quem haviam se tornando amantes e, mais raramente, esposas), entretanto há neles uma diferença fundamental. O "salão de pose" em que Christiano dispõe seus modelos está inteiramente despido do mobiliário característico da época. Não há cortinas, balaústres, meias-colunas, cadeiras, poltronas, mesinhas, tapetes ou qualquer outro objeto de cena que simule a elegância dos espaços burgueses, conforme o cânone da retratação fotográfica européia vigente no Brasil.

Christiano imaginara que seus *carte de visite* de escravos seriam adquiridos como pitorescos suvenires por viajantes estrangeiros ou brasileiros rumo ao além-mar, lembranças da estada tropical: "costume e tipos de pretos [...] cousa muito própria para quem se retira para a Europa". O fato de que Christiano não tenha persistido nesse empreendimento e de que seus "tipos de pretos" estejam entre as mais raras imagens fotográficas do século XIX (pouquíssimas duplicatas são conhecidas) parece indicar que a receptividade da "distinta clientela",[12] tanto nacional como estrangeira, não foi das melhores.

Os retratos de escravos de Christiano Júnior, neste sentido, eram duplamente incongruentes. Como dispositivo para tornar visível a semelhança moral entre os indivíduos, o *carte de visite* pressupunha a afinidade de caráter entre fotógrafo e modelo, sem a qual o jogo mimético que constituía o ato fotográfico não seria possível. Nem o olhar, nem os gestos, ou sequer as poses dos escravos exibem sinais daquela reciprocidade. Enquanto o burguês adquiria a revelação de sua imagem social, o escravo alugava sua aparência, algo que, a rigor, assim como sua força de trabalho, não lhe pertence. Destituído de um caráter individual, o escravo não podia dar-se a ver como *persona*, mas apenas como tipo, algo que era inadequado ao formato do *carte de visite*. Mais do que isso, a mera inclusão dos escravos do Rio de Janeiro no conjunto dos retratados terminava por ameaçar a eficácia do dispositivo e colapsava a sociedade imaginada da qual ele devia dar testemunho.

A segunda incongruência era da ordem da cena propriamente dita. Buscando evitar a confusão entre pessoas e tipos, Christiano incorpora à pose objetos e instrumentos de trabalho usuais entre os escravos de ganho (figura 1). A despeito de sua própria expectativa, seus retratos não se tornam pitorescos, mas emanam uma espécie de realismo descontextualizado, estranho à fotografia oitocentista. A transposição do cotidiano visível da cidade para o interior do estúdio exclui a necessária "distância" que funda o pitoresco na tradição romântica da contemplação. Por outro lado, as imagens jamais vieram a se tornar "próximas" o suficiente para merecer o estatuto de verdadeiros "retratos" (que teriam de vir necessariamente acompanhados de um nome próprio, devidamente anotado e facilmente rememorado) e, nessa condição, integrar os álbuns de *carte de visite* colecionados pelas famílias. São, neste sentido, imagens verdadeiramente "fora do lugar", visitas indesejadas nos salões burgueses do século XIX e não surpreende que, como negócio, tenham sido um rotundo fracasso.

Em 1866, as dificuldades nos negócios e os problemas de saúde de Christiano levaram-no a mudar-se para o Uruguai e, no ano seguinte, a estabelecer-se na Argentina. Por ocasião do encerramento de suas atividades no Rio de Janeiro, o principal conjunto de retratos de escravos ficou em poder da Casa Leuzinger, uma das maiores negociantes de fotografias e equipamentos para fotógrafos na cidade. E ali permaneceram até o fechamento desta loja, em 1937. Neste mesmo ano, o Serviço do Patrimônio Histórico e Artístico Nacional (SPHAN) seria criado pelo ministro Gustavo Capanema. É bastante provável que um funcionário público mais diligente, um intelectual ou

Figura 1

um artista as tenha encontrado em meio ao rescaldo da Casa Leuzinger e encaminhado ao Ministério. As fotografias incorporaram-se ao acervo do Serviço recém-criado sem nenhum tipo de registro ou inventário e ali permaneceram, silenciosas por cinqüenta anos. O privilégio concedido à preservação da arquitetura e das artes do barroco colonial durante as primeiras décadas do Serviço pode explicar, em parte, este segundo naufrágio, mas houve certamente outras razões.

As imagens de escravos urbanos portando os atributos dos seus ofícios ou encenando situações de rua (o moleque que sai para as compras; o carregador que trança cestas enquanto espera por um freguês; o barbeiro aparando o cabelo de outro escravo etc.) estavam demasiado calcadas no cotidiano para despertar ressonâncias simbólicas. As pessoas escravizadas capturadas pelas lentes de Christiano constituíam uma parte considerável da população carioca, em meados do século XIX. O advento da Abolição pouco alterou sua sorte. Os escravos de ganho, personagens tipicamente urbanos, continuariam a exercer seus ofícios, agora em liberdade. Formavam um vasto contingente de cidadãos pifiamente remunerados e empregados. Enquanto o escravo do eito encaixava-se facilmente no imaginário da Abolição e tinha sua imagem abundantemente reproduzida nos livros escolares, o escravo de ganho, agora sem a necessidade de calçar-se para caracterizar-se como liberto, ainda circulava pelas ruas. As fotografias de Christiano evocavam lembranças incômodas de um passado que estava, todavia, palpavelmente presente nas figuras dos pobres e dos favelados urbanos. Eram como uma assombração do passado que não podia ser esteticamente encoberta pelo pitoresco ou pela habilidade do artista. A rigor, o próprio dispositivo de produção do retrato burguês encontrava no retrato do escravo sua negação: nem o artista dispunha de um repertório de máscaras morais adequado à condição servil de seus modelos, nem o escravo podia ver no fotógrafo um semelhante, isto é, alguém com quem praticar mimetismo social.

Essas fotografias de Christiano Júnior pareciam mesmo estar condenadas ao desaparecimento. Fracassaram como negócio, porque não se integravam à comunidade imaginada cuja crença era fiadora da auto-representação das elites urbanas como modernas, e falharam como garantia de um progresso social baseado no caráter moral de seus membros. Fracassaram ainda como suvenir, porque não conseguiam estabelecer a distância em que se funda a experiência do pitoresco. O seu segundo desaparecimento, no contexto do governo Vargas, é de outra natureza. Como imagem do passado e da história, elas eram imprestáveis, pois o futuro da nação e o imaginário que lhe servia de caução evocavam todo um outro conjunto de valores e relações. E é este imaginário que as fotografias da *Obra getuliana* mobilizam. Centenas de fotografias, cuidadosamente produzidas e selecionadas pelo ministro Gustavo Capanema, mas, como os escravos de Christiano Júnior, igualmente condenadas à invisibilidade.

OBRA GETULIANA, 1942

Um monumento em forma de livro

A idéia da *Obra getuliana* surgiu nos últimos anos da década de 1930. Concebida inicialmente como um ciclo de conferências, cujos textos seriam publicados separadamente, foi aos poucos tomando a forma de um livro comemorativo do governo Vargas. As fotografias remanescentes deste projeto constituem um impressionante acervo de mais de 600 imagens, produzidas por profissionais brasileiros e europeus (particularmente refugiados de guerra alemães). Influenciados pelas vanguardas fotográficas européias, realizaram um empreendimento estético radicalmente novo na fotografia brasileira que a queda de Vargas, em 1945, impediu que viesse a público.

Enquanto os textos da *Obra getuliana* têm um caráter eminentemente burocrático – relatórios insossos das realizações governamentais –, suas fotografias pretendiam ser bem mais do que meras ilustrações. Configuram um gigantesco empreendimento pedagógico e publicitário autônomo que faz uso de várias estéticas modernas para representar a invenção do futuro no presente. No intuito de tornar visível a modernização do Brasil após a revolução de 1930, o livro foi implicitamente concebido como uma *pedagogia do olhar*. Neste sentido, endossava a crença modernista na capacidade educativa da fotografia, que já se refletia nas pouquíssimas estudadas exposições fotográficas da Era Vargas, como, por exemplo, a Exposição do Estado Novo, realizada em fins de 1938, para comemorar um ano do regime.

O modernismo das vanguardas históricas da fotografia européia nos anos de 1920 e 30, que supõe a ruptura revolucionária e a experimentação formal, acaba por fornecer os elementos para um vocabulário inteiramente novo de propaganda política no Brasil, no qual a evidência do "progresso" que se vê é indissociável do modo como é visto. Pela primeira vez, a nação estava sendo captada por um olhar moderno. Olhar que deveria, simultaneamente, *mostrar* e *ensinar a ver*. Entre os fotógrafos que participaram dessa empreitada, destacam-se os alemães Peter Lange (cujo extremo rigor formal imprime sua marca por toda a obra), Erich Hess, Paul Stille e Erwin von Dessauer; os franceses Jean Manzon e, pontualmente, Marcel Gautherot; e os brasileiros Jorge de Castro e Epaminondas.

A missão modernizadora dessa equipe de fotógrafos exigiria, sobretudo, uma transformação do que havia para ver: não mais a pátria (naturalização romântica da nação, expressa em língua, território, costumes e história), mas o Estado (como empreendimento inteligente e ordenado, condição e antecipação da nação). O papel da fotografia ultrapassa aqui, portanto, o de simples registro documental das realizações governamentais. Ela deve ser fática, chamando a atenção sobre si como mediadora técnica do visível. Só assim pode ser portadora das evidências do que é atual e, igualmente, dos signos do que há de vir. Só assim poderia servir a uma pedagogia da visibilidade capaz de dar a ver aos brasileiros o que o Brasil verdadeiramente é. Ou melhor, o que ele *poderá ser, já sendo*.

Tal se vê, qual virá

Na *Obra getuliana*, a verossimilhança fotográfica assegura ao espectador que o porvir já desponta no presente. O panorama do Brasil que descreve, para quem o contempla nos dias de hoje, surpreende mais pelo que deixa de mostrar do que por aquilo que exibe. Oblitera a vida privada, cancela a religiosidade e as celebrações populares, renega o hibridismo cultural e racial, e estabelece a equivalência entre vida social e deveres cívicos. O que se vislumbra nas imagens da *Getuliana* é um projeto de modernidade disciplinada, arianizante e monumental, aplicado a uma nação trabalhadora e muito atenta ao que faz. Ainda que recorra a todo um vocabulário elaborado pelas vanguardas modernistas (desnivelamentos, geometrização, objetivismo, monumentalismo etc.) não se trata apenas de adequar a linguagem visual ao conteúdo (imagens modernas para um país moderno). A estética inovadora ajuda aqui a redimir o passado, afastar os espectros da escravatura, do atraso modorrento, da oligarquia espoliativa, para fundir um novo devir nacional. Em sua utopia moderna, as imagens da *Getuliana* enfatizam a vida enquanto existência cívica desencantada, em que os conteúdos emocionais estão atrelados a uma ordenação explícita, hierárquica e despersonalizadora. A fotografia testemunha, sobretudo, o triunfo da vontade que comanda, orquestra e organiza todos os brasileiros, impondo a produtividade e a disciplina inclusive sobre o panorama exuberante dos trópicos. Essas imagens do sublime estatal, da utopia realizada, dão testemunho, no rigor formal que as configura, da remoção dos obstáculos ao progresso da nação e de seu povo: o passado que emperra e o acaso que desagrega. O *testemunho* fundamental fornecido pela fotografia é exatamente a possibilidade de construção do futuro. Não é à toa que, de todos os recursos fotogênicos, o mais recorrente é a verticalidade – as tomadas de baixo para cima, tão ao gosto da Bauhaus – em que o fotógrafo deve posicionar-se como se impulsionasse volumes e formas em direção ao céu. El Lissitsky pensou o artista moderno como um "construtor". Talvez nenhum grupo de fotógrafos tenha assumido tão literalmente esta tarefa como a equipe da *Getuliana*.

Os retratistas burgueses do século XIX sabiam que os trejeitos e as paixões idiossincráticas dos indivíduos deveriam ser excluídos da imagem para que a semelhança moral dos membros de uma sociedade pudesse se tornar visível; os fotógrafos da *Getuliana* decidiram, por sua vez, que o realismo de suas imagens deveria excluir todo aspecto naturalizante. Assim, não há "povo", depositário de uma alma, de uma tradição, ou de qualquer manifestação nativista da nacionalidade, mas brasileiros, cada um deles ocupando um lugar específico na ordem social, cumprindo zelosamente com sua responsabilidade. Do mesmo modo, não há natureza em estado bruto, selvagem – nem como força telúrica a calçar o destino da nação, nem como potência, grandeza, reserva inesgotável de riquezas futuras. Ela já nos aparece domesticada, agriculturada, produtiva; ou então, disposta ao turismo, à vilegiatura, ao lazer civilizado e organizado – natureza desembrutecida.

É compreensível que mestiços, negros, pobres, marginalizados, boêmios ou quaisquer outros sujeitos que não traduzissem a ação modernizadora do Estado estejam ausentes dessa retratação do futuro nacional. Festejos populares, carnaval e manifestações religiosas – com exceção de uma única foto em que se celebra a missa num altar adornado com uma gigantesca bandeira nacional – também estão invisíveis. Mas há uma imagem cuja ausência é verdadeiramente surpreendente: a do próprio presidente Vargas. Como todo Estado autoritário empenhado em cultivar a figura do líder, o Estado Novo de Vargas disseminou retratos do presidente pelas repartições públicas e escolas, tornou cotidiana sua presença em imagens diárias nos cinejornais e na imprensa, monumentalizou sua efígie em selos e placas comemorativas. Por que, exceto numa fotografia na qual se vê o perfil de Getúlio Vargas em um palanque, as imagens do onipresente chefe da nação encontram-se ausentes do livro-monumento que pretendia celebrar seus feitos? De todas as invisibilidades da *Getuliana*, esta é certamente a mais intrigante.

A figura presidencial e o destino da nação: a invisibilidade visível do chefe

A concepção da *Obra getuliana* por Gustavo Capanema, ministro da Educação e Saúde, remonta a 1938. Inicialmente, pretendia responder a dois desafios "intelectuais" do regime. O primeiro deles era caracterizar o golpe que levou ao Estado Novo, em novembro de 1937, como continuidade da "revolução" inaugurada em 1930. Isto é, demonstrar, do ponto de vista espiritual, a conseqüência lógica de um em outro, e, do ponto de vista material, por meio de suas realizações, a unidade e o sentido de uma obra getuliana de transformação do Brasil – obra cujo impulso inicial não poderia ser arrefecido, sob pena de comprometer o destino nacional. O segundo, provavelmente, suscitado pelo assalto integralista ao palácio presidencial, decorreu de Capanema ter-se dado conta de que, ao contrário do fascismo e do comunismo, com os quais o regime se defrontava, o "getulismo" não dispunha de uma teoria do *líder*. A noção de *chefe político* no Brasil dos anos 1930 era tributária do coronelismo e do caudilhismo, figuras que não se ajustavam ao ímpeto modernizador que tomava conta do país. A *Obra getuliana* pretendeu ser, inicialmente, a ilustração de uma nova teoria de Getúlio como *chefe*: uma decifração da sua *figura*.

De onde vem esta incrível afinidade entre Getúlio e seu povo?, pergunta-se o Ministro em um extenso estudo introdutório à *Obra*, sobre a Figura de Vargas.[13] A resposta que encontra não atribui ao presidente qualidades ou virtudes excepcionais. Pelo contrário. Getúlio possuiria, ainda que em grau superlativo, as virtudes comuns do povo brasileiro. Ele é o "homem nacional por excelência", o "homem que ri", "personificação dos caracteres essenciais do povo". Do Norte, a "inteligência viva, aguda"; do Sul, a "coragem indômita"; do Paulista, a "vontade e capacidade de transformar o ideal em realidade histórica". O tato, um dos seus atributos fundamentais, demonstra seu "parentesco espiritual com os mineiros", cujo "senso de defesa" está relacionado à "montanha". A "providência dividiu esses dons por todos", mas "os semeou com abundância desigual", mas no chefe, as virtudes dos brasileiros ocorreriam equânime e equilibradamente distribuídas. Na última versão desse texto, Capanema resume: "O grande chefe, o verdadeiro chefe: personifica a alma da nação, reúne no seu espírito os atributos fundamentais de seu povo." Uma verdadeira imagem da nação só poderia vir a ser formada com a síntese desses atributos em um plano superior, ideal, pois as diferenças e desigualdades existentes entre os brasileiros atuais não permitiriam compô-la. Este plano superior é a figura de Vargas. Diante dela, os brasileiros podem ver a si mesmos, em versão sintetizada e homogeneizada. Mas essa figura não é um retrato do chefe. É o espelho mágico de seu povo em que as distinções atuais dão lugar à distribuição igualitária das virtudes. Que tipo de espelho é a figura de Vargas? Em parte a modernidade sonhada no "espelho do próspero", que elide as singularidades em nome da visão idealizada dos "irmãos do Norte", mas, sobretudo, o "espelho do póstero",[14] em que a imagem refletida devolve o que se posta diante dele na forma daquilo que está por vir.

Aquilo que permite à figura de Vargas realizar tamanha transformação não é mais da ordem de seus atributos, mas da própria substância do chefe. Assim, a premissa fundamental do ministro na elaboração da figura é que Getúlio não existe *antes* de sua obra. O ministro anota: "Foi a obra que o revelou." Getúlio Vargas, como tal, não existe antes do Brasil que ele "empolga", antes de seu encontro com o poder. Uma citação de Gilberto Amado, compilada por Capanema, resume cristalinamente esta visão: "O sr. Getúlio Vargas nascido para o poder, encontrando-se com o poder, subitamente encontrou a si mesmo." Em resumo, Getúlio é puro "futuro" e somente na realização desse futuro ele encontra sua essência. Em uma anotação do início de 1941, Capanema reduz a temporalidade do presidente a uma equação simples: "Tempo do gênesis = tempo do chefe." Esta singular metafísica do "chefe" seria intuitivamente percebida pelo povo, capaz de segui-lo mesmo sem saber para onde está indo: "O certo é que a nação, incontestável é o povo, se não compreende facilmente, adivinha, se não sabe confia absolutamente, e para onde Getúlio Vargas quer levá-lo com ele vai seguro de seu passo, certo de seguir o bom caminho."[15]

A parte textual da *Getuliana* foi assumindo, entre 1941 e 1945, uma feição mais burocrática. Mas o seu conjunto de fotografias, estabelecido provavelmente em 1942, reflete ainda a concepção mais profunda da *Obra* como espelhamento da figura do presidente. Poderia ser apenas um filme que a nação vê projetado nas retinas do chefe, mas é bem mais do que isso. É a evidência "empírica" do poder transformador do olhar moderno, da visão como vontade. Vargas pode estar ausente de sua *Obra*, mas o caráter demiúrgico de seu olhar toma corpo na visão dos fotógrafos. Olhar capaz de configurar o futuro no presente, porque sabe, como o próprio ato fotográfico demonstra, que "esperar com confiança" e "ver com vontade" já são suficientes para que o Brasil e seu povo *tomem forma*.

A retórica da Getuliana

As imagens mais características da *Getuliana* revelam este olhar que, grávido de vontade, é antes um gesto – um *ato-de-ver* – que um simples "golpe de vista".[16] A lista destes gestos do olhar não é muito extensa e, certamente, a unidade formal do acervo da *Getuliana* decorre dessa limitação. São formas adventícias do *novo*, isto é, modos pelos quais o futuro dá-se a ver no presente como evocação. Ao contrário do flagrante, no qual o gesto é interrompido em um instante mais ou menos privilegiado, aqui, é na construção da própria fotografia que o ato demiúrgico do fotógrafo transborda para a imagem. Os *atos-de-ver* característicos da *Getuliana* são: *descortinar, elevar, ordenar, serializar, examinar*. É na intuição que temos desses gestos que essas fotografias chamam a atenção sobre si mesmas, como imagens *construídas*, como expectativas de configuração.

No primeiro destes gestos – *descortinar* – o horizonte se abre, livre de obstáculos: o carro do Serviço Nacional de Malária cruza as "águas plácidas" do rio São Francisco levando saúde às terras mais distantes; os marinheiros, recostados sobre a murada da embarcação, interpõem-se entre nós e o horizonte de céu e mar; o trem avança em segurança sobre istmo que adentra o oceano (figura 2). Ao olhar que abre caminhos e nos oferece o horizonte e a distância, vem somar-se aquele que *eleva*, projetando contra o céu navios, canhões, chaminés, palmeiras, edifícios públicos e corpos de homens, mulheres e crianças (figura 3). Não há nada para os fotógrafos da *Getuliana* que não seja passível de elevação: do soldado que dispara o seu morteiro ao cortador da cana-de-açúcar. Não se trata apenas de produzir imagens "monumentais"; o gesto serve, sobretudo, como evidência de que há um olhar capaz de tudo erguer e de sustentar o erguido.

Mas existem ainda as coisas atuais, as coisas do mundo, tal como se apresentam cotidianamente, nem projetadas para

Figura 2

Figura 3

o alto, nem lançadas a distância. Neste caso, o ato fotográfico *ordena* (alinha, enfileira, empilha): queijos e capacetes; plantações de abacaxis e fábricas de obuses; colunas, submarinos, camas, estudantes, atletas, soldados e prisioneiros. Este olhar que coloca em ordem também é capaz de *serializar* homogeneizando pessoas, tijolos ou abacaxis. Nenhuma imagem da *Getuliana* individualiza algo ou alguém, a não ser o tipo ideal de sua espécie: o marinheiro diante da bandeira, o atleta sobre o trampolim, o touro reprodutor orgulhosamente condecorado. No âmbito da série, devidamente ordenada, as diferenças tornam-se sutis e demandam atenção redobrada. O gesto-olhar que o fotógrafo mobiliza aqui é o de *examinar*. Feijões, ovos, grãos de café e seres humanos são objetos do olhar atento que perscruta, analisa e confere.

Descortinar, elevar, ordenar, serializar, examinar. Nesses cinco gestos o olhar do fotógrafo revela os caminhos pelos quais o futuro se faz presente. A preferência pela profundidade de campo e pela estabilidade (em detrimento do desfoque seletivo dos planos ou borrões indicativos da mobilidade dos corpos), aproxima a visão do fotógrafo desse "olho que tudo vê". Olho do chefe, desencarnado, que enxerga até aonde sua visão privilegiada alcança. Esses cinco *atos-de-ver*, estes cinco gestos correspondem aos principais atributos da visão getuliana. Por meio deles, o olhar do fotógrafo revela ainda a autoridade do chefe, pois este olhar que a tudo dispõe, de tudo dispõe.

A intenção pedagógica da *Getuliana* – ensinar a ver – faz com que o olhar do chefe propague-se pelos personagens, pelos protagonistas da nação que habitam as imagens. O olhar é o bem mais precioso da *Getuliana*: operários, agricultores, soldados, estudantes e, até mesmo, turistas jamais o desperdiçam. Estão todos atentos ao que fazem, conscientes das respectivas atitudes visuais.

Os protagonistas da nação

No início de 1938, o Ministério da Educação e Saúde divulga a fotografia da campeã de natação Ligia Cordovil, do Flamengo, identificando nela o "padrão de perfeição física da mulher brasileira". Em 21 de janeiro do mesmo ano, Benjamin Costallat publica, no *Jornal do Brasil*, uma divertida nota sobre o assunto, intitulada "Sejamos antropométricos". Ele chama a nadadora de "tipo oficial e antropométrico da beleza do Estado Novo." E justifica a iniciativa: "Os estados modernos [...] legislam sobre as dimensões do corpo humano" e "ser antropométrico passa a ser um dever do cidadão". Alcançar o padrão proposto, comenta ele, é tarefa árdua, pois "somos justamente um povo de gente feia e misturada, onde os tipos mais diversos e heterogêneos se encontram num terrível carnaval étnico", devendo, portanto, esforçarmo-nos "pelo esporte e pela seleção, a chegar ao tipo padrão". Quem "não for antropométrico", aconselha Costallat, "que trate de ir às praias e que se candidate, pelo exercício e pelas massagens do mar, a melhorar a sua plástica".[17]

Embora o tom humorístico da crônica de Costallat amenize a natureza proscritiva e eugênica das recomendações do Ministério da Educação e Saúde, não há como negar que a questão da miscigenação social brasileira constituía fonte de perplexidade e motivo de complexo para os dirigentes nacionais. Com raras exceções, as fotografias da *Obra getuliana* enfatizam, no perfil de aviadores, operários de fábrica, escolares, soldados e funcionários públicos, as feições caucasianas dos retratados. Quando mulatos e negros aparecem, é de modo oblíquo e sempre exercendo alguma atividade "construtiva". A preferência pelos tipos brancos não denotava apenas um arraigado racismo, mas também se coadunava com a suposição de que o Brasil do futuro seria, inevitavelmente, mais branco.[18]

Se a imagem de Ligia Cordovil, como *Eva* do Estado Novo, pôde ser vista em alguns jornais, o mesmo não aconteceu com seu *Adão*, o "Homem Brasileiro", uma estátua magnífica que o ministro Capanema planejava erigir na esplanada do Castelo, diante da nova sede de seu ministério.[19] Não seria a representação de um homem qualquer ou de um herói nacional, mas o homem brasileiro ideal, símbolo do objetivo de sua pasta: "preparar, compor, afeiçoar o homem do Brasil". O escultor Celso Antônio foi encarregado, em 1937, da execução deste gigantesco monumento, com 12 metros de altura, representando um homem sentado, nu – "respeitadas as conveniências da praça pública".[20] Mas enquanto o escultor insistia em dar ao seu "homem" as feições "brasileiras" de um caboclo – brasilidade romântica, eco da tradição nativista que valorizava o ancestral indígena –, o ministro desejava que ele o executasse segundo rigorosos cálculos antropométricos que antecipassem as feições cientificamente mais prováveis do "homem brasileiro" do futuro, já que, no entender dos especialistas um "tipo brasileiro", "etnologicamente" consolidado, ainda não existia. Na consulta sobre o tema que envia aos cientistas, o ministro pergunta: "Como será o corpo do homem brasileiro, do futuro homem brasileiro, não do homem vulgar ou inferior, mas do melhor exemplar da raça? Qual a sua altura? O seu volume? A sua cor? Como será a sua cabeça? A forma de seu rosto? A sua fisionomia?"[21]

As doutrinas raciais européias eram capazes de decompor suas populações nativas em tipos muito específicos (*lavonicus, alpinus, meridionalis* etc.), mas um tipo brasileiro só poderia existir como tendência. A imagem dessa tendência, porém, deveria ser forte o bastante, colossal o bastante, para que, tal como diante das fotografias da *Getuliana*, o "homem vulgar" da atualidade, ao contemplá-lo, visse a si próprio no futuro. Apesar de pequenas divergências quanto às medidas dessa ou daquela parte do corpo, os especialistas são unânimes em apontar o tipo branco, moreno, próximo ao "mediterrâneo", como aquele "para o qual vai se orientando a evolução morfológica dos elementos raciais do Brasil",[22] entre outras razões, por ser o mais bem "adaptado" ao nosso clima. A "sub-raça mestiça crioula", preconizada por Silvio Romero, décadas antes, como genuinamente nacional, não passaria, na verdade, de "uma multiplicidade de mestiços de pequena resistência biológica".[23]

O escultor Celso Antônio desespera-se. Não aceita uma representação ariana do Homem Brasileiro "do futuro" e menos ainda ter de respeitar em sua obra medidas "xifo-epigástricas" e "júgulo-púbicas" milimetricamente precisas. Solicita que sua proposta seja avaliada por uma comissão de "notabilidades mundiais" e não por "médicos e antropologistas" nacionais. O ministro não pretende conceder ao escultor nenhuma licença artística, uma vez que só "especialistas brasileiros" seriam capazes de julgar a "identificação do projeto com o tipo racial em formação".[24] Comentou-se que a Capanema repugnava "o mestiço de traços duros e beiçola pendente a que se ia dando vida no *atelier*".[25] Tinha em mente, segundo o jornalista e escritor Jaime Aroldo, um "tipo eclético", "modelado por nossa ambiência cósmica" e não um "botocudo":

> Seria sumamente ridículo e reprovável que nosso Palácio da Educação se modelasse em linhas *cubistas* e que se erguesse na sua testada um tipo indígena de silvícola, representando a nossa raça ou sub-raça, como queiram os antropologistas: seria uma inverdade e um anacronismo.[26]

Os traços fisionômicos que o ministro preconizava para o monumento correspondem genericamente à imagem padrão dos brasileiros da *Getuliana* (branco, moreno, olhos escuros, cabelos lisos ou levemente ondulados). Porém, além das características "raciais", a expressão facial dos retratados também corresponde àquilo que o ministro havia sonhado para a estátua. Desde o início, desejara que seu "aspecto" expressasse "calma", "domínio" e "afirmação". Em uma carta a Mário de Andrade, de 1/2/38, descreve o semblante do "homem" como denotando "a inteligência, a elevação, a coragem, a capacidade de criar e realizar"[27]. Fiel a seus princípios artísticos, Celso

Antônio resiste às pressões e conclui um modelo em barro de três metros de altura que acaba ruindo sob o próprio peso, no interior do ateliê, sem jamais ver a luz do sol. É provável que em cada um dos personagens da *Getuliana*, o ministro procurasse os traços e a expressão de seu colosso perdido.

Ernst Junger já havia observado, em 1934, que as transformações do rosto eram um dos sintomas mais evidentes do nascimento de uma nova "raça", que ele chamava de "trabalhador": "um rosto fechado", que "olha para um ponto fixo e é unilateral, objetivo, rígido".[28]

Os espécimes da nova raça, os protagonistas da nação brasileira, são os corpos em que este olhar encarna. Em primeiro lugar, os "funcionários públicos", representação do Estado em sua ação séria, competente e disciplinadora. Em seguida, os "trabalhadores": o homem do campo, o colono, chamado para testemunhar a modernização, refletida na natureza serializada, espelhamento do objeto industrial no mundo natural; o trabalhador braçal e da construção civil, cuja grandeza se evidencia pela dimensão e significado do que ergue ou transporta, mais do que pela força de seus corpos; e, finalmente, o operário industrial, o "trabalhador", por excelência, domina a técnica. Ao contrário da figura chapliniana do operário devorado pela fábrica, não é por meio de seus músculos que a afinidade homem-máquina faz-se na *Getuliana*, mas por meio do olhar que, atento, confere, ajusta, acerta (figura 4).

Tão importantes como as primeiras duas espécies de protagonistas, e ainda mais numerosos que estes, são os "militares". Os olhos postos no horizonte, a vigilância tranqüila, estão entre seus principais atributos. É por meio deles, que, com mais freqüência, nos abrimos para a vastidão, a amplitude. Se é motivo de espanto que uma nação represente as condições de seu progresso por meio de protagonistas que mais "olham" do que "fazem", esta surpresa torna-se ainda maior quando observamos que entre os que "fazem", muitos são os que assim

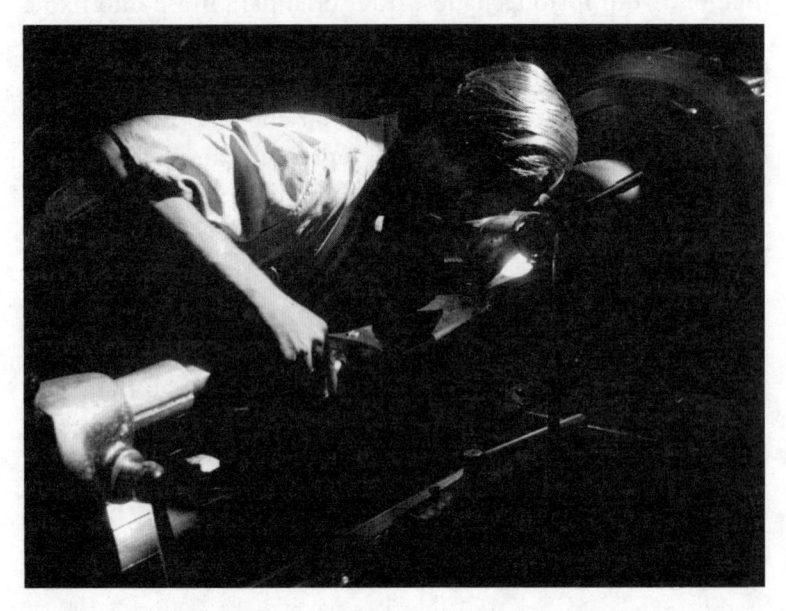

Figura 4

procedem apenas para serem vistos. São "aprendizes" industriais ou crianças na escola primária, que realizam suas tarefas sob o olhar gentil e responsável de um educador; ou são professores da Escola de Medicina, realizando uma cirurgia sob o olhar ávido de conhecimento de seus estudantes. Mas a nação não estaria completa sem o concurso dos atletas e ginastas (não há jogo ou esporte coletivo na *Getuliana*, apenas exercício físico). Funcionários, trabalhadores, militares, aprendizes e ginastas. Estas cinco categorias são aquelas que efetivamente protagonizam o futuro da nação. Mas existem, pelo menos, outros três tipos de gente que merecem ser mencionados.

Um deles corresponde a um *tipo transcendental*, paradigmático desse olhar treinado em ver e promover o progresso. Corresponde mais a uma atitude que a uma categoria social. São os "escrutinadores". Eles estão espalhados por toda a obra, em meio a militares, estudantes e funcionários. Têm sempre um aparelho óptico diante de si e são a representação mais evidente do olhar tecnomoderno que toma conta do país e de seu povo. Munido dos mais modernos dispositivos ópticos, o brasileiro vê maior, mais longe, mais fundo aquilo que ainda não podia ser discernido a olho nu.

Mas essa tipologia não garante a transformação do povo amorfo em comunidade imaginada projetada para o futuro. Como mostrar que ninguém ficou – ou ficará – de fora? No âmbito da retórica política, o vocativo "trabalhadores do Brasil", com o qual o presidente iniciava os seus discursos, em substituição aos tradicionais "concidadãos" ou "compatriotas", designava a todos, ao mesmo tempo que tomava de cada um a parte *trabalhadora* que convergia para formar, na atualidade, a comunidade brasileira do futuro. Todos os personagens comentados até aqui são, de certo modo, "trabalhadores"; cada um cumprindo o papel que lhe cabe sob o olhar foto-edificante do demiurgo da ordem e do progresso.[29] Mas existem duas exceções relevantes. A primeira são os "turistas".

Em toda a *Getuliana*, os turistas, isto é, brasileiros (militares, aprendizes, funcionários, trabalhadores ou ginastas) de folga ou de férias, estão entre os poucos que não usam uniforme. Mas como foram representados, na maioria das imagens, segundo um paradigma alpino do excursionismo romântico, mais parecem tiroleses que brasileiros. Assim como os "militares", os "turistas" também têm os olhos postos no horizonte, na distância, neste caso, a manifestação altamente civilizada da libertação da necessidade como acesso ao sublime. Quando os olhos estão de folga ou de férias, tornam-se olhares sem objeto. Não olham; apenas, desinteressados, contemplam. No extremo oposto dos "turistas", quanto ao direito de "olhar", estão os "prisioneiros". Sempre de cabeça baixa, sinal de sujeição e modéstia, sem dúvida, mas também uma indicação de que não viam as coisas do modo certo. Enquanto expiam sua pena, os prisioneiros não são capazes de evocar o futuro com o olhar, mas voltam-se para si mesmos e para o passado que os condena. "Turistas" e "prisioneiros" cumprem na *Getuliana* mais ou menos o mesmo papel. Sugerem a ação abrangente do Estado e geram um certo efeito de totalização que ajuda a encobrir toda uma multidão de boêmios, artistas, carnavalescos etc., que permanecem ocultos. Espécies de brasileiros em extinção, que o futuro haveria de tornar invisíveis.

A modernidade almejada da *Obra getuliana* foi derrotada. Foi sendo esquecida na medida em que os esforços da construção nacional brasileira ao longo do século XX acabaram por enfatizar a compatibilidade entre a mestiçagem e a modernidade, que se reflete no deslocamento desta noção do campo "racial" para o "cultural". Nada poderia estar mais distante do Brasil sonhado pela *Obra getuliana* do que a versão "carnavalizada" da cultura nacional que veio a ser eventualmente reconhecida como um componente essencial da identidade brasileira.

INCLUSÃO VISUAL, 2005

A hipervisibilidade dos excluídos

Quase 150 anos separam estas duas imagens (figuras 5 e 6). A similaridade entre elas torna-se ainda mais assombrosa quando nos damos conta de que os mesmos elementos que condenaram a primeira ao desaparecimento (a cor da pele, a elegância do porte) são aqueles que tornam *necessária* a visibilidade da segunda. Mas enquanto Christiano Júnior despiu seu estúdio de todos os adereços burgueses que induzissem a uma "falsa" caracterização de classe, o fotógrafo comunitário do site Viva Favela (www.vivafavela.com.br) esforçou-se por incluir o ambiente (a precariedade das construções e da infra-estrutura urbana) e, principalmente o grupo de espectadores ao fundo. Se a escrava no estúdio nu é imagem "fora do lugar", a modelo da favela, ao contrário, está *apropriadamente* localizada – em sua comunidade, perto de casa. A escrava posta-se diante de um observador estranho e estrangeiro; a modelo, por sua vez, expõe-se sob as vistas da família, cujo olhar, situado no ponto de fuga, duplica o nosso – sua beleza e elegância, e a admiração que suscitam, destinam-se tanto a nós como aos "seus".

Uma exposição dedicada aos projetos de inclusão visual existentes no Rio de Janeiro, realizada em 2005, mostrou o predomínio da produção de inspiração fotojornalística. Iniciativas como o Viva Favela e Imagens do Povo pretendem explicitamente "disputar" a imagem da favela na mídia, demasiadamente relacionada ao crime e, em particular, ao tráfico de drogas. A produção deste olhar "alternativo" tem como requisito o engajamento e a qualificação de jovens residentes como fotógrafos. Assim, a "inclusão visual" dar-se-ia de três maneiras: pela apropriação dos meios técnicos e habilidades de produção de imagens pelos jovens; pela difusão destas imagens

Figura 5

Figura 6

na própria comunidade, propiciando que ela visse a si mesma de um modo distinto daquele usualmente veiculado pela mídia; e, finalmente, pela eventual apresentação dessas imagens ao público geral, que assim teria acesso a uma outra "realidade" da favela, qual seja, tal como a vêem seus próprios habitantes.

Esses princípios tendem a ser igualmente aceitos por projetos de inclusão visual de inspiração mais "artística" ou "experimental", ainda que cada iniciativa em particular assimile com mais vigor a experiência, a ideologia, os padrões estéticos e as finalidades de promotores, patrocinadores e instrutores. Em projetos como o Viva Favela e Imagens do Povo, nota-se o esforço dos fotógrafos em, tal como no fotojornalismo profissional, agregar valor estético às imagens que realizam sem "prejudicar" a informação, e buscar representações sintéticas, e eventualmente simbólicas, de contextos e situações – características que também podem ser observadas em projetos de alcance mais estritamente comunitário como o da Casa das Artes da Mangueira e o Olho Vivo, do morro do Preventório (Niterói).

Em todas, essas experiências, o papel ocupado pelo retrato é significativo. Há uma renegociação do pacto fotográfico expresso no *carte de visite* burguês. Se neste se ressaltavam a individualidade e a exemplaridade do caráter, a postura cidadã refletida no decoro, na roupagem e nos apetrechos que compunham o cenário fotográfico, agora se acentua a humanização espontânea dos retratados. São gente diversa, grávidas, crianças, velhos, negros, brancos, mestiços, beldades ocasionais, sambistas, trabalhadores, traficantes, policiais. No caso dos quatro últimos, a função social se acopla ao retrato individualizado. Nos demais, não costuma haver uma demarcação nítida do ofício, entretanto, o denominador comum da favela e da pobreza os posiciona num determinado local simbólico. Em sua maioria, contrapõem-se à aparição usual dos pobres e dos favelados na mídia como personagens do discurso político, da ocorrência policial e das manifestações celebratórias da cultura popular. Sobretudo, resistem à retratação do popular pela estética do grotesco-sensacionalista. A tônica acentuada é a da pulsação dinâmica e inventiva em meio à precariedade da escassez.

Mesmo as fotografias de cadáveres ensopados de sangue (que apenas o projeto Viva Favela exibiu), do enterro regado a lágrimas, do tumulto provocado por ações policiais são imagens que não investem em ângulos chocantes, apelos eróticos ou detalhes escabrosos. Nas demais, a violência é expressa pelas marcas que deixa no ambiente (cartuchos descartados, buracos de bala na parede). Apesar da insistência na representação das ações cotidianas, no que parece ser uma opção deliberada por um jornalismo da "não-notícia" (jogos infantis em que as meninas brincam de corda e os meninos de traficantes, atividades esportivas, música, festa, religião), a favela revelada por esses projetos é dominantemente a das vielas, quadras de esporte e prédios comunitários. Há poucos interiores domésticos, e raras cenas que possam, verdadeiramente, ser chamadas de "íntimas".

Além dos critérios de valoração, usuais no fotojornalismo clássico (adequação da forma ao conteúdo, relevância e inteligibilidade da informação, contextualização etc.), essas fotografias deixam transparecer outras regras ou critérios, próprios à fotoinclusão. Assim como foi possível identificar, nas imagens da *Getuliana,* uma retórica fotográfica que favorecia o advento do futuro no presente, aqui as fotografias almejam portar os sinais de sua "inclusividade". O tempo forte desses procedimentos de inclusão é o *presente* e os efeitos retóricos enfatizam a atualidade, mais do que uma perspectiva futura. Vistos em seu conjunto, esses procedimentos parecem obedecer a uma espécie de código de "decoro". Porém, ao contrário do princípio de distinção que orientava o retrato burguês, e que permitia calçar a sua confecção na operação especular em que se envolviam, no estúdio, fotógrafo e modelo – cujo resultado pretendia representar *toda* a sociedade –, a fotoinclusão supõe sempre um terceiro olhar, destino último da inclusão e que, como tal, deve ser mantido *fora da imagem*.

Ao recorrer a um desses procedimentos, os fotojornalistas comunitários têm mais ou menos garantido o "êxito" de sua imagem, no sentido de que ela tenderá a ser reconhecida, por seus colegas e patrocinadores, como uma fotografia "boa para ser vista".[30] Não é raro constatarmos que um fotógrafo logrou reunir todos eles em uma só imagem. Pelo que pudemos observar, fotografias de inclusão visual são mais *bem-sucedidas* quando:

i) demonstram que o "reconhecimento" e a "admiração" pelos retratados provêm primeiro da família ou dos vizinhos (antes que sua imagem venha a oferecer-se ao olhar externo);

ii) contêm sinais de equanimidade, reciprocidade, cumplicidade ou de afinidade de interesses entre o fotógrafo e o retratado;

iii) evitam espaços privados e íntimos, que possam tornar ambíguo o contexto (isto é, espaços que não possam ser caracterizados como "de favela") ou transmitam sensação de isolamento ou confinamento.

O objetivo desse código é, simultaneamente, ser portador dos sinais de "inclusividade" e produzir o que poderia ser chamado de *efeito de comunidade*. Neste "efeito de comunidade", os espaços públicos denotam vivências e interesses comuns, e os espaços privados tendem a desempenhar o papel de suporte de uma memória que é tanto pessoal quanto coletiva. É significativo, neste caso, que os personagens usualmente fotografados dentro de casa sejam idosos, quase sempre adornados por fotografias antigas (de si próprios ou de seus antepassados) e, indefectivelmente, acompanhados de seus descendentes. Este tipo de "memória encenada" pode ser visto em todos os projetos, mas tem destaque especial, por exemplo, em comunidades como a Mangueira, que fazem da "história" e da "tradição" um dos elementos mais importantes de sua identidade social (figura 7).

Nessa imbricação da memória individual e coletiva, o velho adquire uma pátina de arquetípico, encarnação individual do coletivo. Assim, apesar de favelados, os retratados não são meramente pobres, não se perfilam como aqueles sujeitos anônimos sobre os quais pesa a aflição do esquecimento, já que não deixam feitos públicos, pertences ou registro escrito. Os retratados fazem parte de uma coletividade que perdura além de suas existências individuais. Por sua vez, imagens de drogados, bêbados, rixas de sangue, trocas agressivas ou intensamente eróticas são silenciadas não apenas porque são rotineiramente exploradas pelo grotesco-sensacionalista midiático, mas provavelmente porque o intuito subjacente a este esforço é o de representar a cidadania consciente. Mesmo a aparição eventual de jovens traficantes segue, no projeto Viva Favela, a segunda regra: além da cabeça encoberta, sua disposição de tornar-se imagem é duplamente reiterada. Eles posam para o fotógrafo, mas também para uma câmera de vídeo. Antes de exibir seu ocultamento para nós, já estão se tornando imagem no visor da câmera (figura 8).

Embora os repertórios plásticos e simbólicos dessa imaginação "inclusiva" sejam praticamente os mesmos da cultura midiática "dominante" – isto é, aquela que exclui ou estigmatiza –, sua eficácia retórica apóia-se na *evidência* de que há comunidade: comunidade como condição do sentido a partir dos quais aquelas imagens deverão ser lidas e acolhidas; e comunidade como instância preliminar de destinação que torna legítima sua exposição a um olhar "de fora". De modo contrário ao *carte de visite,* que pretendia depurar o sujeito moral de seus fantasmas interiores, aqui o código de decoro da fotografia inclusiva pretende diferenciar o ato fotográfico que o constitui do olhar externo que imprime sobre corpos e paisagens faveladas o estigma de uma radical alteridade.

Neste sentido, o objetivo precípuo da fotografia *inclusiva* pode ser descrito como "desalterizante", ou seja, a destruição

Figura 7

Figura 8

da noção de alteridade. Este deve ser o motivo pelo qual, entre as centenas de fotografias inclusivas apresentadas ao público no Rio de Janeiro, em 2005, não havia uma só imagem de políticos, turistas, clientes do tráfico de drogas, professores ou mesmo funcionários públicos, isto é, nenhum personagem que pudesse representar a sociedade "excludente". Exceto por alguns poucos "trabalhadores sociais", a única representação do "de fora" *incluída* é a dos policiais. Mas o seu caráter estranho à comunidade é ressaltado pelo uso de pontos de vista esquivos e de ângulos aberrantes – sempre em situações que flagram momentos de tensão e conflito. A função destas imagens, no contexto da fotografia inclusiva, não é *denunciar* a brutalidade da ação policial, demasiado notória e freqüentemente enfocada pela mídia, mas constituir um lugar para o "de fora", impossível de ser ocupado. Na condição de "outro do outro", o policial é aquele cujo olhar não permite qualquer identificação. Assumir o ponto de vista do policial seria, em última instância, assumir a exclusão *em ato* e trair o sentido inclusivo das imagens.

A legitimidade do fotojornalismo, por sua vez, abaliza a humanização da massa, traduz a feição individualizante daquele anônimo antes descartável, mas impõe a singularidade paradoxal dos muitos que almejam também serem únicos enquanto individualidades desejantes, enquanto sujeitos do reconhecimento. Conforme nos esclarece Sloterdijk,

> as massas atuais pararam essencialmente de ser massas de reuniões e ajuntamentos e entraram num regime no qual o caráter de massas não se expressa mais na reunião física, mas na participação em programas de meios de comunicação de massa.[31]

As tensões criadas no seio da massa pelo projeto de individualização midiática (o paradoxo de que nos fala Sloterdijk), encontram, nas favelas cariocas, uma instância imagética de mediação chamada "comunidade", pois há uma ênfase que tece a equiparação entre o meio e a mensagem. Ou seja, trata-se de direcionar o olhar tanto para um assunto, quanto para um dispositivo fotográfico que torna este assunto atraente.

À diferença da "sociedade imaginada" dos *cartes de visite* e da "nação imaginada" da *Obra getuliana*, a favela não dispõe dos mesmos recursos de totalização. A cidade, vista da favela, acentua a sensação de habitar-se um vilarejo distante, revestindo de nostalgia a sua "comunidade". Neste sentido, os fotógrafos da inclusão visual são produtores de novos álbuns de retratos oitocentistas. Pois, assim como seus predecessores, também buscam o tipológico: é como membros da comunidade que esses indivíduos *merecem* ser vistos.

Ninguém é igual a todo mundo

Reencontramos nesses meninos da favela a mesma alegria de mostrar-se dos alunos da escola-modelo, o mesmo desejo de nos oferecer o que queremos ver, mas as forças de composição que ordenam a fotografia são inteiramente diferentes (figuras 9 e 10). Na fotografia de 1942, as crianças organizam-se como um grupo escultórico em torno do rádio, indubitavelmente o objeto técnico que melhor representa a unidade nacional na época. O fotógrafo tomou uma certa distância para equilibrar os elementos e posicionou-se de modo a lograr uma estranha configuração – ao mesmo tempo, dinâmica e estática, como uma explosão que se controla em um laboratório de testes. Os meninos da favela também guardam uma distância, mas não se trata de respeito a uma determinação unilateral do fotógrafo. A distância foi mutuamente estabelecida, pois os modelos também possuem sua câmera. Por trás da aparente reciprocidade que ostenta, é impossível deixar de observar que é a câmera na mão das crianças, e não o gesto do combalido fotógrafo, que *detém* o seu avanço.

O Brasil, desde os anos 1970, tornou-se uma nação marcada pela cultura audiovisual e pela fortíssima presença da televisão. E, pelo menos a partir das primeiras eleições livres

Figura 9

Figura 10

em 1990, tem experimentado inegáveis avanços democráticos, tanto no âmbito político, quanto no cultural. Observa-se uma vinculação crescente entre o exercício pleno dos "direitos" e a noção de "cidadania", a entrada em cena de um espectro relativamente amplo de agendas "minoritárias", e o reconhecimento da diversidade de "heranças culturais" que constituíram o país. É verdade que tais valores e direitos são continuamente violados, ignorados ou falsificados, o que, por si, não diminui, ao contrário, reforça a importância da difusão de uma cultura democrática.

No entanto, décadas de ditadura militar, séculos de baixa escolaridade, heranças hierárquicas, corrupção endêmica nas instituições políticas, jurídicas e sociais e a presença maciça da televisão geraram um descompasso entre a noção de esfera pública, no que diz respeito à credibilidade das instituições, e os anseios de representação democrática. Se há descrença nas instituições, há também, por outro lado, uma razoável crença na democracia enquanto possibilidade de expressão, reivindicação e representação. A percepção da representatividade democrática tornou-se fortemente orientada para a visibilidade midiática, e, emergir na telinha, nem que seja por instantes fugazes, significa ser "real", ter a existência reconhecida, ser considerado por milhões de olhos anônimos dos espectadores. Afinal, com antenas fincadas em todo o território nacional, é na televisão que a comunidade imaginada brasileira se realiza.

Os meios de comunicação surgem, portanto, como arenas públicas espectrais onde a visibilidade midiática é entrevista como oportunidade ímpar de alavancar tanto projetos individuais quanto agendas políticas. Se, conforme a análise de García Canclini, os habituais direitos de cidadania, antes relacionados às obrigações do Estado, estão cada vez mais direcionadas aos direitos e anseios dos consumidores, as noções de individualidade e subjetividade ganham relevo por meio da exposição da imagem.[32]

Embora os retratos de escravos urbanos feitos por Christiano constituam um exemplo único, eles ilustram um dilema importante da inquietante negociação do Brasil com seu passado. Os descendentes destes escravos, as multidões dos pobres, os favelados e os marginalizados atravessaram o século XX, mas as imagens de Christiano Júnior parecem hoje demasiado remotas. Não por conta da pobreza dos fotografados, dos pés descalços, das roupas esfarrapadas, já que roupas maltrapilhas ainda vestem os moradores de rua contemporâneos (com as devidas diferenças nos tecidos e nos dizeres estampados em inglês). Tampouco porque fotografam gente exercendo ofícios extintos, afinal, os gritos dos vendedores ambulantes oferecendo suas mercadorias ecoam pelas ruas da cidade até hoje. O índice crucial da caduquice destas fotos está na expressão facial dos retratados, porque a face escravizada não está mais à tona, nem o desconforto e a relutância em aparecer diante das câmeras nesta condição. Meninos de rua, gente marginalizada, favelados não só aparecem diante das câmeras por vontade própria, como se tornaram o alvo predileto das representações midiáticas no Brasil. O debate em torno desta representação e de quem possui legitimidade para fazê-la é objeto freqüente de polêmica.

Nos projetos ditos de "inclusão visual", pobres, negros, favelados – incongruentes na formatação burguesa do *carte de visite* e obliterados no futuro sonhado da *Obra getuliana* – surgem agora como protagonistas de uma *agenda* de visibilidade dos excluídos. Associada à democratização política e cultural brasileira e à percepção exacerbada do desmanche social proveniente da violência e da desigualdade econômica, esta agenda ganhou novos ingredientes, mediante a circulação de imaginários provindos da própria globalização. No âmbito da recepção, os três ingredientes da inclusão visual dos excluídos são, no esteio da democratização, o *direito*, na dimensão do testemunho, a *autoria* e, em face da violência, *o medo*.

Em primeiro lugar, essas imagens *merecem* ser vistas porque, ao fazê-las, seus sujeitos estão exercendo o *direito* de mostrarem-se como gostariam de ser vistos. Ainda que o exercício deste direito emane de um processo amplo de *democratização cultural* que valoriza a cultura popular, ele parece ser considerado especialmente legítimo, quando se torna porta-voz da crítica e da denúncia do desmanche social. A difusão dessas formas de auto-representação no âmbito da produção cultural reflete transformações no próprio conceito de cultura, antes aninhado na estufa seletiva da alta cultura ou nos territórios alternativos da vanguarda, e que agora explodiu para além dos marcos letrados e experimentais, adquirindo um sentido antropológico. O cânone letrado já não permeia a construção simbólica, algo que antes era palpável até mesmo na composição lírica dos sambistas do morro, e tornou-se uma vertente entre outras. Variados processos de simbolização cultural são entrevistos como expressões legítimas e as hierarquias entre alta, média e baixa perdem vigência diante da noção da cultura como expressão de "visão de mundo". No rastro das estéticas pós-modernas, nunca se outorgou tanta legitimidade às culturas midiáticas-populares.

No contexto dos realismos contemporâneos, a autenticidade das obras e, sobretudo, das experiências das quais são portadoras, repousa principalmente sobre a biografia. É a biografia, o lugar de onde se fala, a trajetória de vida de quem fala e em nome de quem se fala – e não a imaginação, a inspiração ou a experimentação, por exemplo –, que constituem o autor e legitimam o seu imaginário. Em outras palavras, o retrato da favela verbalizado pelo favelado possui maior poder de barganha do que a visão da favela entrevista pelo fotógrafo classe média, pelo cineasta publicitário ou pelo escritor erudito. Evidentemente, a legitimidade do agenciamento autoral não é um fenômeno brasileiro, nem se restringe aos excluídos. A popularização das agendas identitárias divulgadas pelo multiculturalismo americano e a diversidade do próprio mercado de consumo são fenômenos de repercussão global que acentuam, em sociedades permeadas pela mídia, a busca pela experiência e vivência "diretas".

O terceiro condicionante da recepção ao imaginário da inclusão visual não se vincula diretamente aos atributos do sujeito produtor, como o *direito* e a *autoria*. É da ordem do campo em que a própria recepção acontece: o pano de fundo contra o qual aquelas imagens se destacam. De fato, a absorção pelo mercado das pluralidades culturais convive com a violência social e a "cultura do medo". Por um lado, a violência, sobretudo aquela relacionada ao tráfico de drogas, é percebida como fonte de dissolução do tecido social e como fomentadora de uma nova "barbárie". Por outro, a circulação de gírias, formas de vestir e produtos audiovisuais provenientes da cultura jovem do morro atravessa barreiras sociais. À bunkerização dos condomínios vem associar-se um processo de camuflagem cultural – em si mesmo, uma forma pânica de inclusão.

Assim, a democratização midiática e a hipervisibilidade dos excluídos contêm uma faceta poderosamente mobilizadora, embora discretamente silenciada. É o temor da favelização das grandes cidades brasileiras e da sociedade como um todo. A velha ansiedade dos cidadãos cariocas de classe média tementes do "morro que pode descer" e a crescente blindagem dos paulistas em face da invasão da periferia repercutem na apreensão simbólica do "outro". A metáfora da "cidade partida",[33] ou inversamente, as percepções da porosidade que facilita o contágio cultural, as práticas de apoio democrático à auto-representação e seu contrário, os pedidos de policiamento e repressão, são parte do mesmo fenômeno de apreensão em que a cidade precária dos marginalizados ameaça a própria sobrevivência do espaço público democrático. Em face do pânico da "favela insurgente", diante do temor da guerra de facções no interior das mesmas e mediante a perspectiva de um futuro sombrio em que a favela será a cidade, a hipervisibilidade dos excluídos assume uma feição pedagógica. Os excluídos devem exercer seus poderes de automodelação e fornecer os vocabulários da nomeação, simbolização e representação de uma realidade cujo sentido também está em disputa. A eficácia das formas de auto-representação inclusiva contém ainda uma dimensão de apaziguamento, pois, se a violência como tal quebra os suportes da representação realista, a inclusão visual parece querer demonstrar que aquele suposto "ninguém" – por estar fora da "cidadania" – pode tornar-se "igual a todo mundo" – pela via da auto-representação na esfera pública midiática. Esta expectativa normalizadora, que as imagens deixam transparecer, existe tanto "fora" da favela, como "dentro" dela. Faz da reivindicação do cotidiano o traço mais característico da favela como comunidade imaginada. Contemplando essas fotografias, percebemos que o futuro não se concebe mais nem como progresso nem como projeto: é uma lacuna minada pelas incertezas de cada dia, pois, na cultura do medo e da violência, a incerteza se cristaliza na precariedade do direito ao cotidiano. Já não se trata, portanto, da velha dicotomia entre morro e asfalto, ou entre bairros de classe média e subúrbios pauperizados, porque, ao contrário do que sugerem as fotografias em que celebridades locais convidam-nos, alegremente, a entrar em suas casas (o que, como foi comentado antes, quase nunca acontece), os pobres já se imiscuem nas estratégias de bunkerização, fazendo uso dos mecanismos de blindagem e proteção da classe média.[34] A blindagem sobe o morro, a camuflagem desce, e diante de cada jovem negro da favela com uma câmera fotográfica nas mãos deseja-se ouvir a monótona ladainha dos ambulantes no interior dos coletivos cariocas: "eu poderia estar roubando, mas estou aqui... tirando o *nosso* retrato".

Da invisibilidade dos "subalternos"
à hipervisibilidade dos "excluídos"

No percurso que realizamos pelos três conjuntos de imagens, enfatizamos o modo como a fotografia pode ser expressão do coletivo – sociedade, nação ou comunidade – e os limites desta representação. Os escravos de Christiano Júnior foram duplamente condenados ao desaparecimento, primeiro por colapsarem a sociedade imaginada representada pelo álbum de retratos dos cidadãos burgueses e, depois, por não corresponderem à iconografia republicana da escravidão redimida.

Na *Obra getuliana*, os anseios de modernidade, construção de Estado e unidade nacional confluíam para a imagem do futuro-presente que apagaria o legado representado pelos escravos fotografados por Christiano. Os novos protagonistas da nação eram, sobretudo, seres disciplinados e compenetrados, a serviço do Estado e, nesta condição, apartados do carnavalesco, do sagrado e da esfera privada. Vítima da própria ambição, a *Obra* demorou tanto para ficar pronta, que se tornou duplamente impublicável: em virtude de seu custo, igualmente monumental, e de sua incapacidade de conciliar a visão demiúrgica – e autoritária – de modernização com os "novos ventos democráticos", que sopravam mais fortes desde a entrada do Brasil na Guerra, ao lado dos aliados. O futuro sonhado nela foi amplamente derrotado pela pujança da cultura popular e por ideários alternativos de modernidade, pautados na valorização da vida privada e na celebração do hibridismo racial e cultural.

Fracassaram, como projetos, tanto o escravo-suvenir de Christiano Júnior, quanto o monumento ao Brasil ideal do ministro Capanema. Que destino terão as fotografias de inclusão visual? As imagens da fotoinclusão sugerem um ajuste de contas não somente com os espectros da escravidão, mas também com os sonhos ordenadores de uma modernização excludente. Elas nos falam de legados ambíguos marcados pela falência do Estado, pela carência de projetos de futuro e pela persistência de desigualdades sociais. Marcam, também, uma nova agenda democrática, que supõe o direito à representatividade, à autoria e ao empreendimento comunitário. Mas assim como revelam renegociações entre público e privado em que a visibilidade midiática adquire uma dimensão política, indicam que a lógica de circulação e consumo das *commodities* culturais tornou-se um ingrediente importante da fabricação da realidade. A inclusão visual apóia-se na legitimidade do testemunho e da autenticidade, mas sua força tende a dissolver-se no lugar-comum do pluralismo em que, ao menos no âmbito das imagens, "todo mundo pode ser igual a todo mundo". Na universalização do direito de tornar-se imagem, após séculos de invisibilidade, a visibilidade midiática pode apenas estar dando testemunho de si mesma como última promessa de modernidade.

3. O choque do real
e a experiência urbana[1]

Cartões-postais da metrópole híbrida

Múltiplas telas cintilam com as silhuetas pululantes de ninfetas louras vestidas com minissaias e blusas curtíssimas revelando o umbigo mirim. A luz de tantos televisores empilhados ilumina os rostos adormecidos dos meninos de rua, enroscados em caixotes rente às vitrines. Encobrindo as encostas da montanha, a favela da Rocinha se espraia num labirinto de antenas, lixo, becos e fervilhante atividade que contrasta com a ordenação dos vizinhos insulados nos condomínios fechados de torres, gramados, piscinas e varandas simétricas. Em São Paulo, grafiteiros fazem dos furos das balas perdidas nos muros da metrópole os olhos ocos de suas caveiras urbanas. Nos limites da cidade, periferias desoladas de casinhas-caixote, cimento rachado e esqueletos de escolas públicas abandonadas contrastam com parques temáticos abarrotados de brinquedos e arquitetura pastiche. Nas praias urbanas, multidões de corpos seminus formam um mosaico compacto que se esgarça em pânico com o avanço do arrastão das galeras.

Extraídos de experiências urbanas, notícias de jornais e vivências pessoais, esses cartões-postais aleatórios expressam fragmentos das contradições e hibridações das grandes cidades brasileiras no século XXI. Explodindo além das cartografias mapeáveis, as metrópoles não podem ser contidas pelas nomenclaturas que antes as abalizavam. Mas o desafio às classificações não se limita a uma atualização de dados econômicos, estatísticos e sociais, pois não se trata apenas de dar conta dos efeitos de décadas de recessão econômica, inchação demográfica, destruição, remodelação e favelização da paisagem urbana. Tampouco é suficiente apontar como as novas tecnologias de comunicação criam zonas virtuais de cidades cibernéticas, conectadas pelas tramitações efetuadas entre milhares de internautas navegando na rede. Na ação conjunta do Estado, mercado e empreendimentos publicitários e turísticos, as cidades estão inundadas de discursos que não somente as interpretam, mas que também criam estratégias urbanas e pacotes de vendagem visando colocá-las no mapa privilegiado da disputa metropolitana pela visibilidade no cenário global.

No caso específico do Brasil, os grandes centros metropolitanos vivenciam a contradição entre o fortalecimento de uma cultura democrática e o desânimo em face das dificuldades econômicas e da desigualdade social. Enquanto narrativas nacionais se esgarçam frente aos imaginários da globalização, as cidades ganham projeção além da moldura do Estado-nação e são, mais do que nunca, arenas de novos estilos de vida, consumo, agendas políticas, inovações técnicas e culturais. Esta crescente complexidade e importância metropolitana engendram uma crise de representação.[2] Além da desterritorialização, da circulação de bens de consumo global, da presença formidável de novas tecnologias e dos meios de comunicação, as cidades contemporâneas também são territórios minados pela presença de uma cultura do medo forjada pelo risco, incerteza e violência. Esta cultura do medo, por sua vez, dissemina-se não apenas pela comprovação empírica da ocorrência de assaltos, roubos, violações, ataques terroristas, bombas, balas perdidas e seqüestros, como também por meio dos imaginários midiáticos e enredos ficcionais televisivos, fílmicos e literários que propiciam a divulgação destas notícias, bem como a invenção de histórias, personagens e crimes. Torna-se um marco da modernidade tardia, essa zona fronteiriça de indefinição entre o evento "objetivo" e o seu invólucro imaginário, entre a experiência e sua representação ficcionalizada que ganha relevo particular através do efeito mimético das tecnologias da imagem. Nossos instantes de lembrança se petrificam por meio de fotografias, interpretamos pessoas e eventos com os repertórios da ficção, atravessamos a cidade num nevoeiro de projeções fantasiosas e consumimos produtos embalados pelos desejos encantatórios da publicidade. Entretanto, quanto mais ficcionalizada e estetizada é a vida cotidiana, mais se procura a saída para tornar a experiência "real".

Busco entender como as experiências e representações do risco, incerteza, tumulto e violência das cidades brasileiras estão atreladas às diversas expressões do realismo estético. Com isso, não quero sugerir que exista uma conexão causal entre desmanche social e resposta estética, assim como não desejo reduzir as diversas estéticas do realismo a um código homogêneo ou a uma dominante cultural. As formas e usos do realismo diferem entre si, e a produção de imagens e narrativas realistas coexiste com fantasias de consumo, desejos publicitários, mundos oníricos subjetivos e domínios encantatórios coletivos de práticas mágicas. Afinal, a modernidade se apresenta nas suas duplas facetas de desencanto e reencantamento.[3]

Entretanto, a saturação da mídia e o excesso de imagens espetacularizadas geram seu próprio antídoto. Neste sentido, nos cenários de incerteza urbana minados pela violência e pela cultura do medo, a produção de retratos contundentes da realidade em viés realista funciona como uma "pedagogia do real" e da realidade que potencializa narrativas de significação em tempos de crise.

Dentro da diversidade de narrativas e imagens acopladas aos registros do realismo contemporâneo, o *choque do real* é produzido pelas estéticas do realismo literário e cinematográfico que visam dar conta das conflitivas experiências da modernidade urbana no Brasil. Nem todas as narrativas e imagens realistas fazem uso do "choque do real", mas esse efeito dramático e estético possui uma particular relevância na retratação da violência social. Norteia essa argüição sobre o "choque do real", a suposição de que há uma opção e correlação estética entre cultura do medo, saturação midiática, incerteza urbana e intensificação do "efeito do real"pelo uso do choque.[4]

O choque do real

Defino o "choque do real", como sendo a utilização de estéticas realistas visando suscitar um efeito de espanto catártico no leitor ou espectador. Busca provocar o incômodo e quer sensibilizar o espectador-leitor sem recair, necessariamente, em registros do grotesco, espetacular ou sensacionalista. O impacto do "choque" decorre da representação de algo que não é necessariamente extraordinário, mas que é exacerbado e intensificado. São ocorrências cotidianas da vivência metropolitana tais como violações, assassinatos, assaltos, lutas, contatos eróticos, que provocam forte ressonância emotiva.

Diversamente das noções do *sublime* ou do *catastrófico* que sugerem uma quebra de representação por eventos tão imensos em escala ou tão inesperados em natureza que eles estilhaçam redes conceituais, o "choque do real", no sentido que aqui emprego, está relacionado a ocorrências cotidianas, históricas e sociais.[5] Se o objetivo estético do "choque do real" é potencializar uma descarga catártica, essa adrenalina emocional é diferente do efeito explorado nas tragédias gregas ou na poesia romântica, já que o elemento catártico aqui não suscita, necessariamente, os sentimentos clássicos da compaixão, piedade ou elevação espiritual. Ao contrário, em vários instantes, o dispositivo catártico é ambíguo. Tal ambigüidade não decorre das sutilezas de um enredo complexo ou da utilização de imagens obscuras. Afinal, as descrições realistas da violência ou de fortes emoções são facilmente decodificadas pelos leitores ou espectadores. A ambigüidade do "choque" decorre da própria relativização de valores e da perplexidade quanto ao significado da experiência. Evidentemente, não é possível medir o próprio impacto do "choque do real" porque a recepção varia segundo os contextos históricos e subjetivos e ela se modifica de acordo com a bagagem cultural e social de cada leitor/espectador. Da perspectiva do criador artístico, entretanto, o uso do "choque do real" tem como finalidade provocar o espanto, atiçar a denúncia social, ou aguçar o sentimento crítico. Em qualquer dessas modalidades, o "choque do real" quer desestabilizar a neutralidade do espectador/leitor sem que isto acarrete, necessariamente, um agenciamento político.

Na conceituação do "choque do real", há uma escolha específica em relação à palavra "real". Objeto de acirrada disputa epistemológica, política e estética, o real testa os limites da representação e supera os mecanismos seletivos do nosso controle consciente. Semelhante ao instante temporal que é vivido, mas que não pode ser conscientemente processado na instantaneidade de sua vivência temporal, o real somente pode ser apreendido após a filtragem cultural da linguagem e da representação. Enquanto existência do mundo além e fora do nosso ser, o real tanto ultrapassa quanto permeia nossa experiência. Se, nestes termos, o real é a existência de mundos que independem de nós, a realidade social, em contraste, é uma fatia do real que foi culturalmente engendrada, processada e fabricada por uma variedade de discursos, perspectivas dialógicas e pontos de vista contraditórios. Envoltos numa realidade construída socialmente, buscamos simbolizar e produzir significados por meio de narrativas, imagens e representações. Como tem sido tantas vezes enfatizado, as diversas estéticas do realismo são também formas culturalmente engendradas de fabricação da realidade. Ao contrário dos repertórios surrealistas da desfamiliarização ou das invenções da imaginação fantástica, as estéticas do realismo podem oferecer retratos críticos da "experiência do mundo" não porque engendram uma representação insólita de uma "realidade estranhada", mas porque fazem a "realidade" tornar-se "real". Ou seja, fabricam uma representação de realidade repleta de "efeito do real". Neste sentido, a "mentira" estética do realismo reside na sua capacidade de organizar narrativas e imagens de modo a oferecerem uma "intensidade" do real maior do que o fluxo disperso da cotidianidade. Isso não pressupõe que toda estética realista deva fazer uso da verossimilhança ou que esteja estreitamente atrelada às convenções miméticas. Muitas formas inovadoras do realismo justamente conseguem introduzir um retrato inquietante da realidade, ao enfatizarem aspectos pouco usuais que, entretanto, não devem ser processados como fantasiosos. Isto significa que o realismo crítico questiona, muitas vezes, as percepções do sentido comum e hegemônico da realidade que usualmente são decodificadas como sendo a própria experiência do real objetivo. Haja vista o famoso exemplo do filme de Glauber Rocha, *Deus e o diabo na terra do sol*, em que, numa seqüência, um personagem sobe um monte carregando uma pedra em "tempo real". Ou seja, o percurso filmado não teve cortes e coincidiu, efetivamente, com a real duração da caminhada. O efeito que este tempo real gera no espectador é de um aguçado incômodo provocado pela morosidade temporal que cancela, justamente, a intensidade emotiva.

Como tantos outros esforços artísticos, certas expressões do realismo estético buscam ir além dos mecanismos socialmente produzidos da realidade, para vislumbrar o ponto elusivo do "real" em si mesmo. Tais narrativas e imagens adquirem uma densidade particular, quando elas são compreendidas não apenas como discursos críticos que desvendam os espelhos socialmente construídos da realidade, mas enquanto indagações que perfuram significados além da superfície das máscaras, visando aguçar um sentido mais amplo da existência.

Nas diversas abordagens da vida social, experiência e interpretação da realidade, os diferentes códigos do realismo fazem uso daquilo que Roland Barthes denominou de "efeito do real".[6] Evidentemente, a criação do "efeito do real" diferencia-se de acordo com cada momento histórico, assim como depende dos variados materiais e suportes técnicos que são utilizados enquanto meios para a representação. Assim, a retórica da verossimilhança, apoiada nas detalhadas descrições de ambiente e caráter que tanto deliciavam leitores de romances do século XIX, será depois descartada como estorvo irrelevante. Outras técnicas, tais como o fluxo da consciência (*stream of consciousness*) nos romances ou as associações subjetivas de imagens que expõem emoções e densidade de experiências, serão valorizadas na escrita modernista. Sobretudo, mediante o impacto do "efeito do real" exercido pela mídia visual, os escritores tiveram de produzir diferentes estratégias para criar a "veracidade da ficção". Vale ressaltar, entretanto, que quaisquer que sejam o meio e a mensagem, o "efeito do real" depende da evocação de noções culturalmente construídas da realidade que, muitas vezes, são absorvidas como uma sinédoque do próprio real.

A noção de "choque do real" exposta neste ensaio está intimamente ligada à idéia de "efeito do real". Mas, enquanto o "efeito do real" busca, por meio do detalhe de ambientação, do fluxo da consciência ou de quaisquer outros meios narrativos, reforçar a tangibilidade de um mundo plausível, o "choque do real" visa produzir intensidade e descarga catártica. Refere-se a certas narrativas e imagens que desprendem uma carga emotiva intensa, dramática e mobilizadora que, entretanto, não dinamitam a noção da realidade em si. O elemento do "choque" reside na natureza do evento que é retratado e no uso convincente do "efeito do real" que abaliza a autenticidade da situação-limite.

Os novos registros realistas e hiper-realistas na literatura e no cinema brasileiros apropriam-se seletivamente dos cânones da *intelligentsia* letrada. Embora apresentem uma certa pedagogia da revelação da realidade brasileira, estas representações não estão preocupadas em tecer retratos da consciência nacional – tarefa esta que tanto condicionou as expressões da arte modernista. Apoiando-se na tradição do naturalismo brutalista e fazendo uso dos gêneros difundidos pela cultura de massa, tais como as histórias de detetive, a saga das situações-limite, as histórias sórdidas do realismo sujo das ruas –, esta diversidade dos códigos do realismo realça a precariedade, as contradições e a marginalização nas grandes metrópoles do Brasil.

Outrora concebido como característica singular da América Latina, o hibridismo cultural transformou-se numa condição generalizada do mundo globalizado. A especificidade cultural, entretanto, emerge nas circunstâncias detalhadas do cotidiano e na interpretação da realidade. Visando atender às expectativas do grande público, essas produções contemporâneas oferecem o pancadão do "choque do real" sem o distanciamento da experimentação estética. Entretanto, o impacto desses registros realistas depende dos poderes persuasivos do "efeito do real" e da sua capacidade de oferecer narrativas e âncoras visuais de significação em cenários urbanos fragmentados pela incerteza, violência e desigualdade social. Essa produção de significados, entretanto, não potencializa finais redentores, aspirações utópicas ou ações transformadoras, mas introduz molduras interpretativas que intensificam a sensação do real e a apreensão crítica da realidade.

No olhar realista mais nuançado, o esforço pedagógico de produzir denúncias do desmanche social não se constitui como foco central, e a construção estética do mundo emerge num fluxo de discursos, subjetividades e imaginações. Em outros casos, a construção da realidade depende, em grande medida, do impacto do "choque do real" que, entretanto, deve construir significados que se diferenciem dos produtos comuns e correntes da mídia televisiva. Evidentemente, a mídia visual possui uma força muito mais contundente do que a palavra escrita. Entretanto, por causa do predomínio da cultura visual, as representações fotográficas e cinematográficas circulam em âmbitos saturados de excesso imagético. Como fonte principal da audiência de massa, a televisão produz doses diárias de imagens que espantam e fatigam. A qualidade espetacularizada destas imagens está relacionada à sua descontextualização e a uma abundância e repetição de informações que não sedimentam perspectivas críticas.

Cineastas, fotógrafos e escritores que buscam produzir o "choque do real" devem, portanto, encontrar maneiras de aumentar a intensidade estética sem o empacotamento costumeiro que envolve eventos incongruentes, violentos e conflitantes. Tal qual uma trilha sonora repleta de melodias dramáticas, tais empacotamentos midiáticos são feitos de signos decodificados que avisam o espectador de que seus olhos contemplarão imagens que pertencem aos domínios do terrível, do espantoso e do violento. A natureza reiterativa destes produtos midiáticos amortece, banaliza e pulveriza a apreciação crítica, porque eles se constituem como discursos preordenados que visam provocar respostas previamente estipuladas. Para romper com a causalidade naturalizada destas imagens e narrativas com seus dramas recauchutados, o "choque do real" deve ter a potência de uma epifania negativa.[7] Ele pressupõe o despertar para uma experiência intensa que pode produzir alívio catártico, mas que não oferece, necessariamente, contemplação redentora. A tragédia emerge na matança de inocentes durante a troca de tiros entre traficantes e policiais; no assassinato de crianças de rua; no desespero dos marginalizados, miseráveis, indigentes; mas tais eventos, imagens e narrativas não são afirmativas de nenhum *ethos*. Não podem ser monumentalizados porque embora representem a ruptura com o normativo, também são silenciados na banalidade. As invenções estéticas do "choque do real" buscam driblar a banalidade, mas não oferecem consolo metafísico, utopia histórica ou projeto alternativo de futuro.

O choque do real e a experiência urbana

Como é que essas percepções e fabricações do real e da realidade nos registros realistas traduzem a condição da metrópole e os sintomas específicos das modernidades contemporâneas? Conforme a análise perceptiva de David Frisby (1989) serão ainda válidos os parâmetros das experiências da metrópole moderna capitalista tais como avaliados por Simmel, Kracauer e Benjamin?[8] A ênfase de Simmel na atitude *blasé* do habitante urbano, como um mecanismo de defesa contra o hiperestímulo e o choque; a interpretação de Benjamin do choque na moderna experiência urbana que intensifica o presente, produz o "novo" e simultaneamente o descarta na forma do sempre-novo que repetitivamente retorna como assombração fantasmagórica das fantasias do consumo e de imagens de desejos; e, finalmente, a crítica de Kracauer ao desencantamento do mundo esvaziado de sentido, estes conceitos ainda oferecem tipologias válidas para a experiência da metrópole moderna?

No diagnóstico de Simmel, a atitude *blasé* do habitante urbano surge como um mecanismo de defesa contra o hiperestímulo. A defesa *blasé* também se constitui como escudo protetor amortizando o choque desferido pela vida vertiginosa da cidade com suas luzes, tráfego, massas anônimas, máquinas velozes, variedade de consumo e incitações ao entretenimento. Entretanto, conforme a argumentação persuasiva de Ben Singer, o choque urbano provoca tanto um amortecimento quanto um anseio por sensações.[9] Estas sensações, por sua vez, são apaziguadas pelo entretenimento sensacionalista que floresceu nas notícias de tablóide, nos parques de diversão e nos melodramas de folhetim.

Em termos contemporâneos, o habitante da grande cidade pode ser visto como um consumidor entediado que procura revitalizar emoções mortas por meio do choque e do risco da cidade. Entretanto, conforme argumentaria Kracauer, encontros repletos de adrenalina não produzem significados, mas apenas pulsações de intensidade. Sobretudo, um ingrediente essencial da experiência do risco e do choque é a capacidade de evocar imaginariamente os perigos e seduções da cidade. Os imaginários do risco e do medo, por sua vez, dependem da circulação das narrativas e imagens de violência e conflito social promovidas pela mídia visual e impressa. Estas narrativas, imagens e advertências também criam rumores e rupturas simbólicas que deslancham conseqüências reais no uso e edificação do espaço urbano. Na cidade que é entrevista como uma ameaça, as ruas se esvaziam, as casas são fortificadas, e os shopping malls insulados são avidamente buscados, porque os espaços públicos são entrevistos como perpassados pelo perigo. Por outro lado, a ameaça ao funcionamento normativo da vida cotidiana e o desejo de proteção e segurança são também filtrados pelo tédio que a vida na estufa protetora incrementa. O risco da cidade, portanto, implica a possibilidade de lançar-se a uma aventura, embora estas aventuras possam estar previamente empacotadas como *sex tours*, encontros exóticos ou visitações aos locais bizarros. Inversamente, o medo do perigo e a complexidade de negociar a cidade também permitem que muitos se resguardem voyeuristicamente do contato direto com a metrópole e vivenciem a urbe pelas telas midiáticas. Entretanto, a saturação da mídia cria uma demanda por uma experiência direta do real. Não se trata da nostalgia por um ingresso num real que não esteja contaminado pela mídia, mas do desejo de promover o agenciamento, de possuir experiências intensas e de encontrar a diversidade que quebre a monotonia do familiar.

A recente produção brasileira de filmes, romances e livros jornalísticos que enfocam a favela, prisões e a saga de personagens marginalizados pela pobreza, violência e exclusão social é parte desse anseio pela reportagem, pelo retrato do real e pela veracidade do evento. Nos escritos de testemunho das décadas de 1970 a 1980, a denúncia da tortura, da exploração social e do autoritarismo político deslanchou não somente narrativas de sobrevivência, mas também delineou perspectivas de um futuro distinto ou incitou a revisão do legado político da esquerda sob o crivo de novas agendas. A democratização social brasileira ocasionou a emergência de outras vozes, agora desvinculadas da militância marxista e, sobretudo, desconectadas de projetos políticos universalistas e abstratos. Uma parte do radicalismo político que emerge nos cenários metropolitanos brasileiros atuais está atrelada às mudanças disseminadas pela globalização cultural e é fortemente influenciada pela política identitária, na modalidade americana. Estas políticas identitárias articulam agendas pontuais, são circunscritas a grupos e nichos específicos e não oferecem alternativas diferentes de futuro. Racionais, MV Bill, grupos musicais de periferias, novas galeras jovens da favela reinventam críticas ao sistema na interface entre interpretações locais e influências globais provindas, sobretudo, das reivindicações das minorias norte-americanas. Muitos artistas radicais são lançados no mercado e a dissidência crítica de suas mensagens torna-se apenas um ícone de estilo de vida rebelde prontamente consumível. Mas o poder retórico e mobilizador das políticas identitárias, seja em artistas célebres, seja nos líderes comunitários, seja em gente anônima, reside na correlação entre vivência pessoal e reivindicação política.

Em sua diversidade, as narrativas e filmes da recente produção realista brasileira exploram as contradições, as expectativas, os desejos e frustrações de vidas que não buscam transformações coletivas. Filmes como *O invasor* (2001), *Cidade de Deus* (2002), *Amarelo manga* (2002) e *Carandiru* (2003), só para citar os exemplos mais óbvios, retratam, com maior ou menor profundidade psicológica ou enfoque naturalista, a intensidade, tragédia e impasse de histórias de vida de pessoas que não podem viver além dos fragmentos do presente.

Diversamente do autor do romance realista do século XIX que, tantas vezes, se valia do olhar de escrutínio distanciador para produzir suas criações, muitos desses novos textos realistas encontram sua legitimidade justamente na demanda pela experiência vivida. Imiscuído nas poeiras do mundo, enfrentando a própria morte em situações-limite, arriscando-se no sexo, esfolando a pele e vivenciando dramas, esse novo autor ganha a tatuagem legitimadora da experiência.[10] Entretanto, o prestígio do autor de testemunho não inibe a produção de relatos ficcionais carregados da brutalidade do mundo cão, agora transcritos não pela experiência direta, mas pelos códigos das narrativas de gênero.

Da sarjeta do lúmpen urbano, passando pelas agruras dos pobres e culminando no ar espesso de tiros e no chão encharcado de sangue das batalhas do tráfico, a visão da metrópole como implosão social permeia os escritos de Marçal Aquino, Paulo Lins, Luiz Ruffato, Patrícia Melo e tantos outros escritores brasileiros. A despeito da diferença considerável entre esses autores – notadamente, a escrita experimental e nuançada de Luiz Ruffato que compõe mosaicos urbanos na montagem de instantes cotidianos e fragmentados retratos humanos –, muitos deles fazem uso da narrativa de detetive e da reportagem jornalística. Com a ênfase na produção do "choque do real", as narrativas do realismo bruto também obliteram construções metafóricas da imaginação literária. Em enredos repletos de ação, os personagens possuem escassa interioridade, tampouco há questionamentos aguçados sobre a condição humana ou a própria natureza da representação. Como uma fotografia sangrando para além das bordas, a representação em si não deve chamar atenção para sua própria moldura, pois, o efeito buscado é a imersão. O efeito crítico se dá não pelo questionamento do mundo ou pelo relevo psicológico dos personagens, mas pela chocante retratação do desmanche social.

O choque do real e a realidade brasileira

Como um dos filões mais lucrativos dos meios de comunicação de massa, a reportagem jornalística, o fotojornalismo e os programas ao vivo saciam o público com o espetáculo dramatizado da realidade. Desde o século XIX, a reportagem dramática e o romance realista compõem a face dupla da vida imitando a arte e da arte imitando a vida. A ficcionalização da realidade na reportagem e o efeito de realidade na ficção não só influenciaram o jornalismo e a literatura ao longo do século XX, como também fabricaram a percepção do cotidiano. Já comentava Kracauer, em 1932, o intenso gosto do público pela reportagem como se este gênero de escrita fosse uma "autopropaganda da existência concreta".[11] O *boom* de biografias, livros de reportagem, documentários, filmes e narrativas realistas não é uma novidade para o público brasileiro, mas o que marca a produção recente é o forte apelo ao retrato da realidade em face da violência urbana. Favelas, centros correcionais, periferias urbanas carcomidas, prisões infectas e a saga de traficantes são alguns dos tópicos abordados. A despeito da variedade de códigos e registros, esses relatos ficcionais e documentais realistas constituem também uma resposta às fabricações televisivas do "real".

As estéticas do realismo possuem uma tradição fortemente arraigada no Brasil que se inicia com os romances naturalistas e realistas do século XIX e atravessa o bojo da produção cultural no século XX. Em contraste, na América hispânica, as estéticas surrealistas e os imaginários do maravilhoso provindos da cultura popular influenciaram a produção cultural artística sendo reinventados em diversos momentos e combinações, desde o "real maravilloso" do escritor cubano Alejo Carpentier, na década de 1940, passando pelo realismo mágico de García Márquez nos anos 1960 e popularizando-se nos escritos de Isabel Allende, entre outros.[12] Já no Brasil, os delírios alegóricos do carnaval, a pujança das iconografias populares, a proliferação de deuses e de seitas tão vívidos e encantatórios na vida cotidiana tiveram, com exceção das artes plásticas, pouca tradução no repertório letrado e até mesmo midiático. O elemento "maravilhoso", o aspecto fantástico ou mágico despontam como interstício, um relampejar logo neutralizado pelo chão costumeiro da prosa realista. Essa preponderância pela descrição naturalista e realista eivou também uma parte da produção midiática.

Como fonte principal da construção da comunidade imaginada, a Rede Globo de televisão, como já foi tantas vezes narrado, conheceu uma expansão extraordinária durante a década de 1970 do regime militar. Fincando antenas em todo o território nacional, colocando a telinha nos recantos mais míseros do Brasil, a Rede Globo, por meio de sua grade de programação, foi a grande articuladora da invenção do cotidiano nacional midiático. Brilhando na superfície da telinha, as narrativas da realidade cristalizaram-se nos lugares-comuns do *Jornal Nacional*, enquanto as ficções da telenovela alimentavam o imaginário cotidiano como uma Scherazade eletrônica de infindáveis noites. A entrada da TV a cabo e o enfraquecimento da hegemonia da Rede Globo fragmentaram as imagens e narrativas da comunidade imaginada. Flutuações econômicas, a violência acabrunhadora dos centros urbanos, as agendas conflitivas do futuro, a emergência de novos modelos, agentes e formas de consumo globalizado contribuíram para o agravamento de um sentimento de crise e perplexidade. Evidentemente, o impulso dos registros do realismo não é automaticamente condicionado por forças sociais, e a própria noção do que é o realismo varia imensamente. Entretanto, novos códigos realistas centrados em personagens marginais, violência urbana, pobreza e experiências extremas estão produzindo narrativas e imagens que oferecem o "choque do real" como parte do pacto mimético com o espectador ou leitor.

Conforme esbocei anteriormente, um elemento-chave do predomínio do registro realista está também fortemente conectado à construção da modernidade. Enquanto crenças mágicas, domínios do onírico e celebrações encantatórias coletivas podem até estar presentes na estética realista, o princípio controlador é dado pelo código realista racional. O realismo exerce o "controle do imaginário" por meio da codificação objetivante da realidade.[13] A imaginação individual e coletiva se esgarça frente ao princípio de realidade solidificado pelo registro realista. Na medida em que esse código se torna uma forma *standard* de narração nas produções da mídia que providenciam notícias e informação, ele também serve como uma forma generalizada de comunicação. Isso não significa que os realismos contemporâneos cancelem a diferença de diálogos, ou que censurem o devaneio subjetivo. O predomínio do realismo cotidiano torna-se um código comunicativo que possibilita que diversas visões de mundo se encontrem num patamar conectivo de comunicação. Como a vasta maioria do público brasileiro não tem acesso aos enredos literários e não se engaja nas explicações sociológicas ou antropológicas da realidade social, a realidade produzida pelas imagens e narrativas midiáticas é uma fonte crucial de constituição de mundo.

Vistas pelas lentes sujas da câmera ou pela prosa gretada do autor realista, as grandes cidades brasileiras transformam-se em territórios minados de drogas, matança de crianças de rua, empreiteiros corruptos, elites entrincheiradas e emparedados membros da classe média. O apelo popular de filmes de ficção tais como *Carandiru* e *Cidade de Deus*, assim como o impacto do documentário *Ônibus 174* atestam que os retratos candentes da violência e do "choque do real" possuem poder de argüição.[14] Enquanto o "pão e circo" de shows sensacionalistas como o *Programa do Ratinho* são desprestigiados pelos meios letrados, o realismo dessa nova safra de filmes tem suscitado apreço crítico.

Ambos, o filme e o livro *Cidade de Deus*, exibem vasta galeria de personagens cujos retratos foram traçados mais pela óptica do naturalismo do que pelo viés psicologizante do realismo crítico. Enquanto a prosa de Paulo Lins divaga por estilos diversos tais como o evocativo poético, o naturalismo tipológico e o relato de ação, o filme delimita seus diferentes vocabulários estéticos de forma mais nítida. Inicia-se com o ritmo acelerado de videoclipe, nos anos 1980, traça um *flashback* em tom sépia da favela nos anos 1960, volta aos anos 80 enfocando momentos cruciais do choque do real, filmados em tom quase documental.

Ainda mais do que o livro de Paulo Lins, o filme *Cidade de Deus* galvanizou a opinião crítica num acirrado debate sobre realismo, realidade brasileira e cultura do espetáculo. Desautorizado por vários críticos como o filme que estetiza a favela por meio de movimentos de câmera publicitários e videoclipados, exaltado por outros como filme realista que conseguiu inusitada verossimilhança na atuação de atores das comunidades carentes e na retratação do desmanche social das favelas nas grandes cidades, criticado, por ainda outros, que cobraram uma retratação mais ampla da favela, *Cidade de Deus* tornou-se um marco na cinematografia brasileira. Para o famoso rapper de Cidade de Deus, MV Bill, as qualidades estéticas do filme beneficiam apenas seus realizadores, porque a comunidade em si seria ainda mais estigmatizada como um inferno em forma de favela.[15]

Em grande medida, *Cidade de Deus* foi julgado não somente pelos cânones da estética cinematográfica, pesando aí a notória comparação com o Cinema Novo, mas, também, foi avaliado enquanto filme realista ou como cinema do espetáculo. Neste sentido, a apreciação do filme esteve conectada à sua relação com a violência das favelas e das cidades brasileiras. Entretanto, em face do acirrado debate, paira a pergunta de por que houve essa batalha interpretativa em torno de um filme que, essencialmente, trata das disputas violentas da guerra do tráfico, em dois períodos distintos. Um filme, portanto, que segue um gênero específico, o do filme de gângsteres, embora esses gângsteres sejam despidos das estilizações glamorosas dos bandidos americanos. Evidentemente, uma gama de respostas pode ser dada àquela pergunta. Entre elas, enfatizo um elemento de ambigüidade que desestabiliza as fronteiras entre o real e o ficcional em *Cidade de Deus*. Esta ambigüidade alimenta-se da existência verídica dos traficantes Zé Pequeno, Mané Galinha e outros. Tanto que, no final do filme, há o cotejamento entre as fotografias dos traficantes da vida real e a dos atores que os interpretam. Outro elemento relevante para contextualizar a recepção de *Cidade de Deus* reside na divulgação da noção de "cidade partida" que obteve ampla repercussão com o livro jornalístico do mesmo título de Zuenir Ventura.[16] O conceito de "cidade partida" sugere a noção de que o Rio de Janeiro seria uma metrópole cindida entre a cidade do asfalto com suas normas, edificações, legalidades, práticas culturais e a cidade da escassez emblematizada pelas favelas e pelas zonas de pobreza. Mas, tanto no próprio livro de Zuenir Ventura quanto nas representações ficcionais de *Cidade de Deus*, o que emerge não é propriamente a divisória rígida de uma cultura do *apartheid*, mas os conflitos contundentes de uma sociedade acirradamente desigual, violentamente injusta, altamente discriminatória quanto ao gênero, raça e posição social. Entretanto, a despeito disso tudo, trata-se de uma cidade porosa, uma cidade onde as influências culturais desestabilizam fronteiras, onde há uma hibridação contínua fertilizando trocas culturais, imaginários simbólicos e sonhos de vida.

No filme, esta hibridação cultural se expressa na presença de uma cultura jovem centrada em drogas, música, sexo e relações afetivas que, em alguns casos específicos, ultrapassam a barreira de classe, raça e as divisões territoriais. Na retratação da favela, nos anos 1980, o mundo globalizado se faz sentir nos estilos de consumo, gêneros musicais e cultura jovem, mas torna-se problemático e ambivalente entrever quem pode ascender socialmente no mundo do asfalto. O contraste entre os personagens Bené e Zé Pequeno traduz essa ambivalência da circulação social entre o asfalto e o morro. Enquanto Bené, mulato, bonitão e simpático, ultrapassa as fronteiras da favela, compra roupa de grife, clareia os cabelos e busca uma possível saída fora do mundo do tráfico, Zé

Pequeno, negro, feioso, sanguinário, encontra-se emparedado dentro dos seus domínios na favela. O dinheiro, o poder do comando, a imposição violenta de sua própria vontade não lhe garantem acesso ao mundo da cidade Zona Sul. Para ele, a favela está em toda parte, é internalizada, é um estigma, é o centro do seu poder e comunidade. Ele é tanto o tirano quanto o prisioneiro da favela. A saída deste impasse somente pode ser produzida simbolicamente, mediante o acesso à notoriedade dada pela divulgação de seus feitos e imagem na mídia.[17]

A circulação do consumo, com destaque crucial para o consumo da própria droga, e o desmanche da violência permeiam ambas as cidades no asfalto e na favela. Como dramatizar estas contradições e a violência sem exaurir o espectador? As seqüências de matanças, vinganças, assaltos e a morte consecutiva de tantos personagens chegam ao limite do transbordamento, o que geraria uma neutralização da imagem da violência pelo seu próprio excesso. Entretanto, no meio desta carnificina, destaca-se um episódio que cristaliza o impacto do choque do real e transforma a imagem numa pedrada no olho do espectador. Zé Pequeno, fiel ao seu estilo sanguinário, decide impor um castigo exemplar a um grupo de crianças que tinham furtado a loja de um comerciante local. Os guris fogem quando avistam a chegada do bando do tráfico, mas duas crianças menores ficam para trás e são emboscadas contra uma mureta. Com deleite sádico, Zé Pequeno ordena outra criança, um menino, Filé com Fritas, a executar o castigo como parte de seu processo de iniciação no bando. As crianças encostadas contra o muro são pequenas, frágeis, sujas e desesperadas. O jovem, Filé com Fritas, está visivelmente horrorizado pelo ato que deve cometer. Em tom de deboche, Zé Pequeno pergunta qual dos guris deve receber o tiro, deverão levar tiro "na mão" ou no "pé"? A despeito do deboche de Zé Pequeno, Filé com Fritas continua indeciso. A câmera enfoca os menininhos que parecem autenticamente aterrorizados. O tiro zune. O ato brutal é consumado. O choque do real explode e a representação ficcional desnuda a violência sem redenção, o dilema do emparedamento, a morte estúpida como o horror da realidade social.

O documentário *Ônibus 174*, dirigido por José Padilha e Felipe Lacerda, é construído por uma série de cenas que desferem o pancadão do "choque do real". Tais cenas são ainda mais perturbadoras quando sabemos que, de fato, elas foram filmadas ao vivo, que elas são, efetivamente, um registro fílmico de uma ocorrência real. Os meninos de rua que conheceram o seqüestrador Sandro do Nascimento, os reféns do seqüestro, o, então, secretário de Segurança Pública, a artista plástica que prestava auxílio aos meninos de rua e a Sandro, policiais, bandidos e familiares, todos forneceram material documental. Enquanto documentário, *Ônibus 174* busca oferecer uma explicação para o violento episódio que paralisou o Rio de Janeiro por várias horas durante a tarde de 12 de junho de 2000. Os fatos sobre o seqüestro do ônibus 174 são de conhecimento público, não só pela filmagem ao vivo do evento, como pela ampla divulgação do episódio nos jornais e pela repercussão do próprio documentário *Ônibus 174*. Os diretores José Padilha e Felipe Lacerda fizeram farto uso do material gravado ao vivo pela televisão. E complementaram essas filmagens com várias e extensas entrevistas.

Por meio destas entrevistas, os diretores puderam recuperar as origens de Sandro, confirmaram que ele fora um dos sobreviventes da chacina dos meninos de rua, diante da Igreja da Candelária, em 1992. Em entrevistas com a tia de Sandro, o espectador ganha acesso aos detalhes e informações reveladoras da sua infância desoladora que incluem desde o assassinato de sua mãe frente aos seus olhos, até fugas e privações. O filme também apresenta sua mãe adotiva, que recebeu considerável atenção da mídia quando apareceu enlutada pela morte do "filho". No documentário, a "mãe" mostra o quartinho minúsculo onde Sandro ocasionalmente dormia e revela como ele, repetidas vezes, lhe falara do desejo de aparecer no cinema ou na televisão, e comenta com os entrevistadores que, finalmente, Sandro tinha aparecido na televisão, mas não da maneira que era para ter sido.

Entretanto, o revelador e inusitado do seqüestro ao ônibus não é a trajetória terrível de Sandro do Nascimento. Não é a morte absurda da jovem Geisa, nem a espantosa incompetência da polícia e das autoridades, nem mesmo a condição execrável das prisões no Brasil. O que marca singularmente o episódio do seqüestro ao ônibus 174 é a sua completa visibilidade midiática que fez com que todos estes terríveis ingredientes ganhassem projeção diante das câmeras. De fato, o seqüestro foi encenado diante das câmeras, a jovem Geisa morre perante os olhos estarrecidos dos telespectadores e a demonstração espantosa da ineficiência da polícia e do Governo do Estado ganha visibilidade pública. Sobretudo, esta tragédia brasileira emerge numa encruzilhada perversa entre a encenação midiática e a ação real. Tendo conseguido, finalmente, protagonizar algum personagem na tela, Sandro atua como se estivesse num *reality show* repleto de lances dramáticos e detalhes reveladores. Mas esse é um *reality show* que Sandro quer que pareça o mais real possível, daí sua insistência quando, num momento particularmente eletrizante e repleto de ironia, Sandro coloca sua cabeça para fora da janela e grita diante da multidão de câmeras que o filmam: "Isto não é um filme de ação, isto é real." Entretanto, em vários momentos, segundo o depoimento das vítimas, Sandro pedira que elas chorassem e atuassem como se estivessem desesperadas para potencializar o efeito dramático de sua ação frente às câmeras. Sandro chega, inclusive, a encenar uma falsa matança quando finge disparar sua arma contra uma das vítimas. Em outros momentos, colocava seu revólver dentro da boca de Geisa, num gesto repleto de conotações sexuais. Pediu que uma das reféns escrevesse, na vidraça do ônibus, com batom vermelho e em letras invertidas, para que o público pudesse ler, a frase: "Ele vai matar geral, ele fez um pacto com o demo."

Para criar o ambiente do "choque do real", o próprio Sandro comandava de forma desbaratada e aleatória seu *script* de efeitos ficcionais.

Para o espectador, o choque do real assume uma dimensão tripla. Há o choque de assistir ao desenrolar de uma ação violenta que corrobora a realidade do "desmando" da cidade; há o impacto de ver esta ação sendo filmada ao vivo; e, finalmente, há a ironia da metaficção realista, já que o conteúdo da ação filmada sofre modificações pelo efeito da presença da mídia. Se a trajetória de vida de Sandro recebe uma cobertura densa e complexa, as revelações sobre Geisa são parcas. Seu marido faz uma breve aparição, narrando como estava distraidamente olhando a televisão quando notou, espantado, que sua mulher estava entre as reféns do seqüestro.[18] Há uma penosa entrevista com a amiga de Geisa, Damiana, que, impossibilitada de falar por conta do derrame que sofrera como conseqüência do assalto, tem suas palavras ditas pela filha. O silêncio ao redor de Geisa não é fruto apenas da necessidade imperiosa, por parte dos diretores, de fazer uma escolha para viabilizar a narrativa fílmica. A história dela é também posta de lado, porque o foco em Sandro do Nascimento abaliza a tese do mal social e da culpabilidade da sociedade que condicionou o destino e o desfecho trágico do seqüestro. Embora a vida de Geisa receba atenção escassa, sua morte é enfaticamente sublinhada. De fato, o espectador não vê apenas uma, mas várias vezes, em câmera lenta, a agonia e a morte desta jovem. Escutamos o tiro, assistimos à queda do seu corpo, vemos seu sangue esparramado.

A opção estética de apresentar essa seqüência em câmera lenta e sua repetição provocam um efeito de choque. Este choque é intensificado porque não temos nenhum lastro narrativo que justifique ou dê sentido a esta morte absurda. Na carência de informações sobre Geisa, o que emerge é a ênfase dramática na sua morte, o foco na morte violenta em si. Sua morte potencializa estilisticamente o choque do real precisamente porque sabemos que ela de fato morreu diante de uma multidão de câmeras. Mas sabemos muito pouco que possa emergir como uma revelação individualizada para atenuar a visão de sua morte midiática. Aqui, nesta agonia em câmera lenta, o choque do real dispara uma denúncia da espetacularização da morte com as próprias imagens da mídia. A estrutura de causalidade que marca a tese central do filme coloca-nos diante de uma denúncia que nos atinge na nossa culpabilidade social. Nesta ótica, somos os assassinos de Geisa, porque somos a sociedade que condicionou trajetórias de vida feitas de violência, injustiça, sordidez e miséria – trajetórias de vida como as de Sandro do Nascimento.

Marginais midiáticos

O uso extensivo de filmagens televisivas no documentário *Ônibus 174*, as referências ao deslumbramento com a mídia e a celebridade nos filmes *Cidade de Deus* e *O invasor* revelam que um aspecto importante das produções realistas contemporâneas é a demonstração do próprio impacto e internalização da mídia. Produções midiáticas e narrativas ficcionais tornam-se parte de uma realidade vivida e atuada. Em vez de apresentarem uma crítica à mídia tal como formulada nos anos de 1960 e 70 que enfatizava a denúncia da indústria cultural, enquanto um mecanismo ilusório e controlador, estes filmes reforçam como a mídia se torna real, e a vida se ficcionaliza; como a presença da câmera deslancha eventos e como o sentido do real é obtido por meio de recursos dramáticos da mídia visual.

Em termos de agenciamento político, o que distancia as práticas do presente dos movimentos contraculturais dos anos 1960 e 70 é que essas narrativas, estéticas e imagens surgem dentro de um nicho de consumo e de uma agenda política preparados para absorvê-los. Os novos marginais midiáticos respondem a uma demanda do próprio mercado, eles despontam no cenário global já respaldados pelo consumo e pela política identitária. De fato, a própria circulação destes ideários, de estilos de vida e de reivindicações sociais está atrelada tanto ao potencial de consumo cultural que estes imaginários atiçam, quanto ao seu poder de persuasão política. Mas estes ícones já estão circulando na constelação vasta e descartável das celebridades meteóricas. O que tantos filmes, romances e documentários irão potencializar será justamente a fala e a expressão de anônimos que nunca vão chegar à visibilidade midiática. São personagens que agonizam, transgridem, amam, padecem, matam, fogem e criam na espessa sombra do anonimato, nos corredores fétidos de reformatórios, nas celas, em barracos, nas pistas de asfalto.

As estéticas do realismo, nessas circunstâncias, aparecem tanto como resposta de choque como também uma forma de retrabalhar as conexões entre experiência e representação na tentativa de produzir vocabulários de reconhecimento na incerteza tumultuada das cidades brasileiras. As retratações atuais da favela, marginalidade e violência urbana produzem estranhamento sem experimentação radical porque os códigos estéticos acionados podem até romper com a petrificação de hábitos cotidianos, mas são facilmente digeridos. Enquanto a democratização do Brasil ainda não alterou significativamente as disparidades econômicas e sociais, ela fomentou uma mudança considerável na produção de códigos culturais. Culturas midiáticas e novas formas de consumo criaram novas elites, celebridades e modelos. Entretanto, esta cultura midiática e as seduções do consumo contribuem para fomentar a crescente frustração dos jovens urbanos, acuados por penúrias econômicas que obstaculizam dramaticamente suas expectativas sociais e possibilidades de invenção do futuro. Mais do que nunca, estas frustrações sociais, desejos e expectativas estão sendo articulados por um número de artistas que provém das favelas, dos subúrbios pobres e das periferias minadas pela escassez. Sobretudo, a influência cultural marcante não é dada pela cultura letrada, nem pelos parâmetros prévios da identidade nacional modernista, mas pelos imaginários audiovisuais locais e globais.

Enquanto as telenovelas ainda retratam, em grande medida, os romances e as expectativas das classes médias urbanas, as expressões literárias e cinematográficas realistas têm privilegiado os pobres, os marginais e os excluídos. Desta forma, se as telenovelas muitas vezes possuem uma certa pedagogia "civilizatória" do normativo burguês, os filmes e narrativas aqui citados recaem no cânone contrário, na perspectiva da retratação crítica da exclusão social, enfocando não o drama da consciência burguesa, mas a vida precária dos despossuídos. Nesta batalha de representações em torno da violência, da exclusão social e dos retratos do popular, as estéticas do realismo fazem parte tanto da cultura do espetáculo quanto da politização da representação. Talvez uma limitação crucial de algumas estéticas realistas seja a naturalização de suas próprias formas de fabricação ficcional e o esmorecimento de outros imaginários de percepção do mundo que subvertem os cânones do realismo realista. Nas produções realistas mais convincentes, o mecanismo redutor é compensado por uma evocação da experiência que traz à tona as marcas da autenticidade que foram previamente descartadas pela desconstrução teórica e pelo relativismo pós-moderno.

Estranhamento naturalista e realista

A arte, conforme as conhecidas palavras de Victor Sklovskij, é aquilo que faz a "pedra, pedrosa" e seu objetivo é "transmitir a experiência imediata de uma coisa como ela é vista ao invés de como é reconhecida; o ofício da arte é o ofício de tornar as coisas estranhas".[19] O estranhamento da arte, tal como evocado por Sklovskij, está relacionado a uma intensificação da percepção que desfaz o empacotamento do costumeiro e nos revela uma aguçada "desfamiliarização". A experimentação vanguardista apostou na ruptura radical entre a "pedra" e sua "pedrosidade"; enquanto a estética modernista se esquivou da retórica da verossimilhança para evocar um outro "real". Entretanto, como reforçar a tangibilidade do "real" – algo que é essencial à experiência do realismo – em culturas midiáticas saturadas de imagens, hiperestímulos, eventos espetacularizados e reinvenções tecnológicas da natureza?

Diversamente de certa tradição realista atualizada no cinema inglês por diretores como Mike Leigh, Ken Loach e Stephen Frears, o cinema do "choque do real" brasileiro em *Cidade de Deus*, *Carandiru*, *Amarelo manga*, entre outros, é mais visceralmente marcado pela presença do naturalismo tipificante, no seu sentido literário, do que a nuance psicológica do realismo. Desde suas origens no romance francês do século XIX, o naturalismo manteve um parentesco com as estéticas do realismo, mas distanciou-se deste por sua visão corporal do ser humano enquanto organismo biológico determinado por instintos e impulsos. Na sua atualização contemporânea, o naturalismo, nesse sentido literário, se desfaz das amarras redutoras do determinismo cientificista, mas mantém a forte ênfase na vivência do corpo, nos instintos e nos desejos impulsionando ações. Enquanto os personagens "realistas" possuem conflitos de identidade, dobras de consciência e incertezas sobre a própria natureza do "real", os personagens naturalistas atuam sem maiores questionamentos porque são impulsionados por um arcabouço de desejos que os determina. Entretanto, as estéticas do "choque do real" podem ser acionadas, justamente, quando emerge, na retratação naturalista, uma instância de turbação da consciência, como é o caso do dilema do menino Filé com Fritas em *Cidade de Deus*, como é o perfil dos traficantes Bené e Mané Galinha, ou o "momento de conversão" ao evangelho do bandido matador em *Carandiru*. Aqui, no cinema e na literatura de viés realista-naturalista, o que se busca não é a forma inovadora ou a relativização do próprio conceito de realidade pela introdução de elementos fantásticos. A "realidade" bruta, sórdida, violenta e desigual choca, mas também canaliza a percepção para vocabulários específicos de interpretação e códigos estéticos de fácil apreensão.

Neste sentido, o filme de ficção *Amarelo manga* reatualiza vocabulários do naturalismo em nova formatação fílmica ao contar, com enquadramentos criativos de câmera, as vidas estreitas e sórdidas dos pobres no Recife. Numa seqüência reveladora, um dos personagens – um homem violento que apreciava descarregar seu revólver em corpos contrabandeados, com o auxílio de alguns contatos, do necrotério da polícia – entra num botequim e avalia, com olho clínico-cínico, a loura e sensual proprietária do local. Pergunta à queima-roupa se ela tinha tinta para tingir só o cabelo ou as outras partes também. Como resposta, ela levanta o vestido e revela seu sexo nu, coberto com loiríssimo pêlo púbico. Num nível mais prosaico, o cabelo púbico tingido recai na piada costumeira sobre as imagens da mulher morena que, tingindo-se de loura para ganhar glamour e apelo sexual, é desmascarada quando seu pêlo púbico escuro a revela como mais uma "nativa" disfarçada. Em outro nível, o enfoque do olho da câmera no pêlo púbico ressalta um irônico choque do real que evoca o pintor emblemático do século XIX francês, Gustave Courbet, que pintou o famoso quadro intitulado *As origens do mundo* que retrata, em primeiro plano, a mata densa de um cabelo púbico escuro cobrindo o sexo de uma mulher. A ênfase no pêlo púbico constitui também um recurso de desfamiliarização, porque coloca o sexo fora de sua embalagem erótica usual, oferecendo uma visão desconcertante do "real".

O mecanismo catártico do "choque do real" visa aguçar a redescoberta de uma vivência que absorvíamos na indiferença. Assim, ao transitar pela cidade, trancamos a porta do carro, fechamos a janela, apressamos o passo, nos esquivamos do mendigo, driblamos o pivete, fugimos do assalto. Enfim, vivemos no registro de autoproteção e insulamento fabricado pela cultura do medo. A absorção do outro excluído pelo "choque do real", evidentemente, não altera a montagem social, não produz agenciamento político, nem garante, inclusive, uma recepção empática. Tal como evidenciado no debate referente ao impacto das fotografias de violência, guerra e fome, o "choque do real" pode inicialmente insuflar uma sensibilização social que esmaece na medida em que as imagens e narrativas da violência vão-se encharcando de *déjà-vu*.[20] Mesmo na ausência do desgaste do código estético, a recepção artística da "desgraça alheia" que tantas vezes ocasiona a catarse emocional do espectador/leitor, também o imuniza contra os pobres de carne e osso. Tal como o personagem de Proust, a empregada Françoise que chorava copiosas lágrimas lendo folhetos melodramáticos ou notícias de horrores, mas permanecia numa indiferença pétrea em face de qualquer súplica de algum desafortunado, nós também preferimos, tantas vezes, nos solidarizar com as misérias alheias, estrategicamente colocadas na tela ou na página impressa. Entretanto, fora a perplexidade política, existe um outro fator que diferencia as narrativas de violência urbana das histórias de penúria social. Esta diferença reside no impacto das representações da violência e de como elas articulam as noções de perigo e de risco na cidade. Seja na saga das truculências de *Cidade de Deus*, seja nas agruras do cárcere em *Carandiru*, seja na indiferença e lei bruta da vantagem em *O invasor,* a violência não se neutraliza tão facilmente como o drama dos "miseráveis" suplicantes e indefesos. Aqui temos a visualização e as narrativas da violência urbana e sua repercussão diária no nosso meio. Resta saber se, mesmo nas invenções estéticas mais pungentes do "choque do real", estes retratos da violência urbana não terminam por sedimentar tipologias apoiadas numa verossimilhança que traduz uma estreita visão do "popular" e eclipsa, com holofotes abrasadores, as vivências nuançadas, as imaginações insólitas, as penumbras do ser nas múltiplas expressões de cidades e pessoas que ainda estão por serem narradas.

4. *Favela Tours*: o olhar turístico e as representações da "realidade"[1]

Incrustadas nos morros cariocas, esparramadas pelas periferias de São Paulo, suspensas nos alagados de Salvador, as favelas são parte integral da paisagem urbana brasileira. Essa presença da habitação informal, pobre e precária em meio à trama urbana sedimentou um vasto repertório de representações que foram modificando-se ao longo das décadas. Mas, a despeito da diversidade de abordagens, há sempre o registro do descompasso entre os anseios de modernização social e a presença da favela colocando em pauta as contradições das metrópoles e a própria viabilidade da cidade e dos ideários da modernidade.

Neste ensaio, quero examinar como as representações contraditórias da favela emergem no contexto específico dos *Favela Tours* que vendem visitas à favela como parte de uma experiência do "the real thing". Até o momento da escrita deste ensaio existiam três *tours* da favela carioca: Favela Tour, Jeep Tour e Exotic Tour. Dos três, o Favela Tour, coordenado por Marcelo Armstrong, é o mais antigo e politicamente engajado e organicamente conectado às comunidades. Inclusive, diversamente das outras *tours*, o Favela Tour de Armstrong não se limita a uma incursão na favela da Rocinha, mas também inclui uma visita à comunidade de Vila Canoas.

Enfatizo que minha análise do *tour* da favela está acoplada a um seletivo repertório literário, jornalístico, fotográfico e turístico de representações. Trata-se de apreensões mediadas da favela e de como estes repertórios conotam as sensibilidades culturais da vivência urbana. Duas premissas básicas estão contidas nesta associação. A primeira é que discursos e representações sociais, artísticas, políticas, antropológicas e econômicas proliferam ao redor da favela, porque ela se constitui um foco de contenda em que ideários e imaginários da modernidade fracassam e se reinventam. A segunda destaca que os imaginários culturais da modernidade tardia postos em circulação pela globalização cultural, mediações midiáticas e novas agendas de agenciamento político possibilitam a emergência dos favela *tours* que ressimbolizam o local da pobreza, da exclusão e da violência como "comunidades autênticas". Embora persista um certo ingrediente do exotismo na vendagem da favela, este exotismo dista de modelos anteriores que permeiam os registros de viagem. Já não se trata da visão do "nativo" em sua alteridade cultural, tampouco há o pitoresco folclórico dos costumes rurais transplantados para a grande cidade. O atrativo do *Favela Tour* é garantido pela confluência de imaginários contrários: os favelados trabalhadores na sua pobreza criativa e as guerras do narcotráfico que alimentam um caudal de manchetes, filmes, fotografias, documentários e reportagens sobre a realidade da favela. Nesta polifonia, os favelados também se posicionam e geram seus próprios repertórios de automodelagem que, por sua vez, são influenciados pela mídia global, políticas identitárias e culturas locais. Os turistas que se aventuram nas favelas geralmente possuem um repertório simbólico prévio adquirido de leituras, imagens e narrativas, mas o espaço pelo qual se adentram é, em vários sentidos, refratário a uma representação estável e a um escrutínio abalizador.

No início do século XXI, as cidades, cada vez mais, buscam cativar o imaginário global projetando-se como centros culturais, pólos econômicos ou arenas políticas. Essa disputa pela visibilidade metropolitana corresponde à necessidade imperiosa de capitalizar investimentos, fomentar o comércio, ativar o turismo, fortalecer nichos políticos, enfim, a gama de atividades e serviços que garantem o êxito urbano independentemente de sua conexão com o Estado-nação. As cidades sofrem um excesso interpretativo, na medida em que buscam potencializar-se como referentes culturais. Nos centros urbanos renovados que vendem a aura do passado, em edifícios recauchutados para novos propósitos, nas favelas que inauguram centros de memória e *tours* temáticos, em campanhas publicitárias que alavancam a cidade como palco de jogos olímpicos, nas enxurradas de livros e imagens que poetizam ou assinalam as significações do urbano, as cidades estão crescentemente conscientes de si mesmas enquanto cenários culturais e estão cada vez mais empacotadas como produtos de consumo. Entretanto, a dinâmica da metrópole não se esgota nem na renovação, nem na museificacão, já que um dos sinais da modernidade tardia é a hibridação cultural de novas diásporas, vivências históricas e recombinações de legados culturais que criam justaposições inesperadas que poderão ou não ser absorvidas e adquiridas como produto cultural pelo mercado.

Como metrópole, o Rio de Janeiro carece da importância econômica de uma cidade global como São Paulo, não se configura como centro de poder como Brasília, nem representa o Brasil sacro-histórico-popular como Salvador. Entretanto, mais do que qualquer outra cidade brasileira, o Rio de Janeiro tem presença assegurada no imaginário global como local de atrativos turísticos. A topografia espetacular emoldurando uma cidade de contrastes, os ícones emblemáticos do Pão de Açúcar e do Corcovado, os atrativos da socialização nas praias cariocas, a cultura popular vibrante, a sensualidade corporal e a grande apoteose do carnaval são alguns dos ingredientes chamativos que atiçam reconhecimento global. Como toda cidade que se vende aos olhos turísticos, o Rio de Janeiro sedimentou seu repertório de invenção cultural e configuração mítica. Este repertório não enfatiza sua trajetória como ex-capital, centro intelectual e político, mas repisa os clichês do exotismo e do hedonismo em paisagens exuberantes encharcadas de sol e de corpos deleitosos.

Afastada demais da Europa e dos Estados Unidos para configurar-se como destino do turismo massivo e excessivamente urbanizada para atrair turistas mochileiros em busca de aventuras, o Rio de Janeiro é uma cidade que atende ao turista que busca prazeres corporais, contato com a cultura popular e desfrute da natureza tropical acoplado aos encantos da vida metropolitana.

Os cartões-postais que circulam por bancas de jornais, saguões de hotéis e lojas de aeroporto até, ocasionalmente, exibem igrejas barrocas e edifícios históricos, mas o mote central é dado pela paisagem tropical, as bundas empinadas das garotas de Ipanema enfileiradas na areia, os delírios do carnaval e os flagrantes de rua dos populares simpáticos. Conspicuamente ausente dos guias turísticos nacionais e dos cartões-postais, as favelas cariocas, entretanto, atualmente despontam com grande visibilidade midiática através de filmes, documentários, notícias jornalísticas, fotografias e guias turísticos estrangeiros.

A visibilidade midiática das favelas não é algo recente. Desde o final do século XIX e início do século XX, as favelas, com maior ou menor intensidade, figuram nos jornais. As sucessivas polêmicas da imprensa em torno das favelas ressaltam o ideário da modernidade em pauta. No início do século, temos a prédica higienista que incide sobre os recantos proletários insalubres e carentes de civilidade. Em 1948, quando as favelas tinham se expandido vertiginosamente no Rio de Janeiro, Carlos Lacerda lança na imprensa sua famosa "Batalha do Rio de Janeiro", em que busca sacudir a opinião pública com suas descrições sobre a marginalidade das favelas cariocas. Novamente, Lacerda destaca-se nos anos 1960, por sua política de remoções noticiadas pela imprensa. A partir dos anos 1980, os discursos sobre a favela e suas representações contraditórias passam, necessariamente, pela avaliação da cultura da violência gerada pelo tráfico de drogas.

De fato, a escalada contínua de violência das guerras do narcotráfico expressa no extermínio de gerações de jovens, nas vítimas de balas perdidas e na crescente bunkerização não só da classe média, mas dos próprios favelados encurralados no fogo cruzado alterou radicalmente as imagens da Cidade Maravilhosa.[2] Uma nova cultura do medo associou-se ao imaginário da cidade tornando-a sinônima não só do desfrute hedonista, mas também da violência desmedida. É nesse contexto de tensão e violência que o surgimento e o êxito dos *Favela Tours* tornam-se tão surpreendentes e contraditórios. O que torna a pobreza urbana atraente para olhos turísticos? Por que o que antes era oculto e menosprezado transforma-se em objeto de apreciação? Como é possível conciliar o voyeurismo implícito na atividade turística com a experiência da apreciação da realidade social? São estas questões que busco explorar neste itinerário da viagem na realidade cotidiana.

Representando a favela

Jornalistas e escritores que, no início do século XX, visitaram a favela ofereceram, com maior ou menor empatia, os primeiros recortes sobre a vida dos excluídos. A incursão à favela continha aquele sabor de aventura característico das narrativas de viagem. Uma viagem eivada de contradições, já que os emissários do Rio "civilizado" teriam a missão de revelar os recônditos sórdidos da miséria para seus leitores letrados. Tratava-se da peregrinação da cidade diurna, regulamentada, burguesa, embranquecida e cidadã aos territórios da cidade oculta, mestiça, pobre, desregrada e marginalizada.

Essa viagem do jornalista ou artista às entranhas da cidade tem um longo repertório que se consolida na literatura, gravura e crônica jornalística do século XIX. Basta lembrar as incursões de Dickens ao infame Slum Five Points em Nova York ou a viagem pictórica aos submundos londrinos, empreendida por Gustave Doré, no livro *London, a pilgrimmage*. Os narradores cariocas do início do século entreviam as favelas com os vocabulários de nomeação, classificação e metaforização coincidentes com os estilos vigentes na Belle Époque: o olhar exotizante e decadentista, o positivismo cientificista e o registro naturalista ficcional. Tal como os narradores vitorianos adentrando-se nas profundezas sórdidas de Londres, os narradores cariocas também irão enfatizar a favela como espaços de bricolagem onde profusão de corpos, cheiros e ruídos não remete à vertiginosa modernidade das grandes metrópoles, mas à precária sobrevivência dos pobres nas sobras do despejo. A ênfase na polarização entre o Rio "civilizado" e a favela, covil dos marginalizados, será, de uma forma ou outra, mantida por longas décadas. A dicotomia morro-asfalto alinha, de um lado, algo que permanece fora do cânone moderno (favela) e, do outro, a metrópole modernizada. Ao metaforizarem a favela enquanto atraso, desleixo atávico e cancro anacrônico, os narradores e cronistas da Belle Époque repisaram os parâmetros interpretativos usuais sobre as classes perigosas, sem tecer a conexão entre os próprios processos da modernização desigual e a emergência da favela.

Assim como o sertão, a favela representava algo que obstaculizava os caminhos do progresso; mas, enquanto o sertão e a saga de Canudos foram consagrados na obra monumental de Euclides da Cunha, as favelas cariocas não renderam tratamento épico. Eivado dos prognósticos do cientificismo positivista, *Os sertões* (1900) de Euclides da Cunha também denuncia, em dramática narrativa, o genocídio de Canudos. Já o descaso rotineiro das autoridades municipais com os pobres da cidade; a derrubada de cortiços e vivendas populares, ação que ocasionou o incremento das favelas na época da reforma Pereira Passos e durante os anos 1920, na prefeitura de Carlos Sampaio; e o crescimento da favela nas décadas de 1930-40, foram naturalizados como parte das mazelas do "atraso" brasileiro. Embora figurasse nas crônicas jornalísticas e na prédica de engenheiros e higienistas, a favela não é tema preponderante nas letras da República Velha. Como crítico contumaz dos processos imitativos da modernização carioca, Lima Barreto produz a crônica dos subúrbios empobrecidos da periferia carioca. Mesmo as vivendas dos pobres descritas no romance *O cortiço* (1890), de Aluísio Azevedo, não têm um parentesco direto com a favela, na medida em que este cortiço ficcional, espelhado nos cortiços históricos, era fruto da especulação imobiliária e não obra espontânea dos pobres sem-teto. No entanto, a questão das vivendas populares, seja como favelas, cortiços, seja como casebres coletivos, teve projeção midiática nas crônicas de jornal, galgando, inclusive, uma posição de destaque na demolição do famoso cortiço "Cabeça de Porco", pelo prefeito Barata Ribeiro em 1893.[3] A expansão e o crescimento acelerado da favela nas décadas de 1920 e 1930 coincidem também com a renovação cultural modernista.

O modernismo artístico dos anos 1920 e 30 irá imaginar uma favela diversa daquela entrevista pela óptica elitista do início do século. Já não se trata de conceber a favela como entulho insalubre, obstaculizando os caminhos do progresso, nem a favela é exotizada como território ameaçador do incivilizado. No bojo das novas sensibilidades culturais do modernismo, a representação da favela também passa pelo crivo da experimentação estética nos quadros *techno-naif* de Tarsila do Amaral, nas pinturas líricas de Di Cavalcanti, no expressionismo de Lasar Segall, entre outros. As estéticas de representação da favela irão variar de acordo com os próprios inventários do modernismo cultural. Na literatura, a favela ainda é narrada sob o crivo do realismo modernista, tanto no romance, como na crônica de jornal. Mas é na música popular, sobretudo, na consagração do samba que, por intermédio do rádio, obtém difusão como ritmo nacional, que a favela expressa sua própria autoria. Nos intensos debates sobre as possibilidades de construção de uma identidade nacional, a mestiçagem, o carnaval e o samba cariocas foram consagrados como parte do patrimônio brasileiro. Mas as imagens celebratórias da favela como celeiro de bambas coexistiam com as avaliações negativas da favela enquanto zona de escassez, pobreza, ignorância e violência. De fato, durante o Estado Novo, a disputa pelos cânones e vocabulários de modernização social gerou diversos ideários sobre a modernização e o futuro nacional. As Escolas de Samba ganhavam patrocínio do Estado e eram compelidas a recorrer a temas da história nacional para ilustrar os sambas-enredo; Carmen Miranda encaminhava-se para os Estados Unidos como baiana de exportação e a Rádio Nacional divulgava os ritmos brasileiros. Entretanto, paralelo ao reconhecimento estatal da cultura popular, havia nas elites letradas a aposta no progressivo embranquecimento do Brasil e a crença na necessidade de modernizar o país erradicando os focos de pobreza, emblematizados pela favela. Mas, na rota da valorização da identidade nacional mestiça, a favela ingressa no mapa das representações para os olhos estrangeiros.

Em diferentes períodos, dos anos 1920 a 50, Marinetti, Le Corbusier, Blaise Cendrars, Albert Camus, Orson Welles e muitos outros se aventuram na favela como viajantes e produzem narrativas, fotografias e desenhos arquitetônicos derivados desta experiência. Em duas viagens, em 1929 e 1936, Le Corbusier, após vislumbrar a cidade do topo dos morros, motivou-se a desenhar um imenso edifício-viaduto cortando a Zona Sul da cidade. Não deixa de ser sintomático que a visão de um Rio de Janeiro modernizado, em que um gigantesco edifício-viaduto de linhas severas se destacaria na paisagem, fosse concebida do alto da favela como um sonho de utopia funcionalista em contraste às edificações improvisadas dos barracos.[4] Nos anos 1950, a visão das favelas também foi incorporada pela poeta americana Elizabeth Bishop durante seus anos de residência na cidade. Na balada "The Burglar of Babylon", Bishop narra a saga do bandido Micuçu em sua fuga da polícia no morro da Babilônia.[5] De sua janela num apartamento no Leme, equipada com poderoso binóculo, Bishop assiste à tentativa de fuga do bandido acossado. As ironias sociais do seu voyeurismo não lhe escapam. Morando no edifício de classe média alta, abaixo do morro, Bishop e seus vizinhos espiam, das suas varandas aéreas, o desenlace fatal de Micuçu. Na ambigüidade do seu posicionamento como *voyeuse* empática, Bishop tece as polaridades sobre a favela enquanto recanto pitoresco e cidade de escassez.

Albert Camus, durante breve estada em 1949, tachou a elite letrada local de maçante, pomposa e colonizada.[6] Da visita ao Rio de Janeiro, valorizou sua breve incursão à favela onde encontrou uma energia refrescante e diversa daquilo que percebera como sendo a cultura imitativa da burguesia tropical. Na famosa estada de Orson Welles no Brasil, nos anos 1940, o cineasta americano buscou refugiar-se dos regramentos impostos pelo Office of Inter-American Affairs ao tentar incluir a cultura popular das favelas no seu filme inacabado sobre o Brasil. Mas foi o francês Marcel Camus quem divulgou as favelas do Rio de Janeiro por intermédio de seu celebrado filme *Orfeu negro* (1959). *Orfeu negro* teve êxito internacional e consagrou uma versão da favela como âmbito da pobreza lírica, vital, mítica e musical.

Na óptica da arquitetura modernista, a favela só poderia ser obliterada em prol das vivendas populares funcionalistas, mas nas artes plásticas, música e literatura modernista, a favela possuía cor local e a vitalidade da invenção cultural popular "primitiva". É conhecida a mediação que o poeta Blaise Cendrars faz entre os músicos negros do samba e os membros da elite letrada.[7] Este viés, que garante legitimidade etnográfica à cultura da favela, também a coloca como fonte de autenticidade cultural num mundo moderno cada vez mais estandardizado e homogêneo. A incursão modernista à favela antecipa a experiência da alteridade autêntica, algo que posteriormente será recauchutado como "the real thing" pela vendagem turística dos *Favela Tours*.

No início do século XXI, as favelas ganham um apreço positivo provindo desse legado antropológico. A noção de "cultura" antes associada aos domínios da elite letrada ou das civilizações do passado, assume sua feição antropológica como as visões de mundo, usos, imaginários e costumes de diferentes grupos e classes sociais. Nesta perspectiva, as hierarquias entre alta e baixa cultura são minadas e os julgamentos qualitativos relativizados. Na valorização de culturas populares, a favela é vista como o local de comunidades que buscam contornar a escassez, a violência e a pobreza por meio de um inventivo hibridismo cultural que se adapta e mantém redes de solidariedade em circunstâncias adversas. É um espaço onde a precariedade da existência urbana se transforma em imagens de resistência e agenciamento. Um fator crucial nessa guinada em prol do agenciamento foi a formação das associações de moradores e a presença de ONGs atrelada às agendas globais de direitos humanos. Mas a ação de grupos organizados e redes comunitárias, além da circulação e difusão da cultura jovem da favela entre os setores da classe média, não modificam a percepção apoiada, inclusive, por dados estatísticos e pela maciça desvalorização dos imóveis localizados nas adjacências da favela, de que esta é território do desmanche social e da violência.

Como espaço, a favela é um ícone não do que foi ultrapassado, mas do que podemos chamar "aquilo que foi deixado fora das promessas do futuro". Em termos urbanísticos e arquitetônicos, a favela contradiz a regulamentação linear e ordenada dos predicados modernistas urbanos que surgiram, por sua vez, como resposta aos ambientes insalubres das habitações das classes proletárias européias. Mas, em sua ambivalência e bricolagem, ela oferece uma visão da cidade-futuro, do que serão as cidades num pesadelo do futuro quando o capital estiver desatrelado de qualquer regulamentação, o Estado tiver perdido qualquer autoridade e a inchação demográfica aliada à carência de empregos tiverem gerado uma pauperização generalizada. Entretanto, a favela é contraditória, pois sua expansão desgovernada, construção precária e mobilização social refletem uma modernização que caminha no sentido inverso daquela narrada pelas histórias da ordem e do progresso europeu.

Em suas variações globais, as favelas podem, eventualmente, dominar as megacidades do Terceiro Mundo, constituindo aquilo que Mike Davis denominou de *"planet of slums"*.[8] O Rio de Janeiro certamente não escapará deste destino, e a cidade já se ressente da proliferação incontrolada das favelas. Em vez dos *"tristes tropiques"*, entrevistos pelo antropólogo Claude Lévi-Strauss durante sua estada com os povos indígenas do norte do Brasil, na década de 1930, agora temos os *"cheap tropiques"*. Tudo que Lévi-Strauss abominou no Rio de Janeiro prolifera na favela, a mistura confusa de construções precárias e natureza tropical, o hibridismo, a mixagem de cores, sons, falas e o consumo barato de bens descartáveis. A visão de uma modernidade prometida, segundo os ideários do início do século XX, pressupunha que a sociedade fosse um mecanismo regulado, progredindo num ritmo constante compatível com o bem-estar dos seus cidadãos. Para alcançar esse objetivo, a favela não só deveria ser fisicamente erradicada, como seus habitantes deveriam ser reeducados e purgados de seus modos atávicos. Entretanto, não somente as favelas vieram para ficar, como elas representam uma faceta crucial da própria modernização. Se as retóricas políticas do populismo e mesmo a democratização social brasileira cancelaram o discurso da remoção indiscriminada, a problemática da favela como espaço da desordem e ao mesmo tempo de empreendimento continua mais proeminente do que nunca.

De fato, a expansão das favelas e a violência descontrolada gerada pelo narcotráfico demonstram a falência tanto do projeto repressivo modernizador, quanto das práticas populistas de troca de favores e votos. E mesmo os esforços de urbanização das favelas consolidadas tornam-se insuficientes, tendo em vista a ameaça da favelização geral do Rio de Janeiro. Por outro lado, a democratização social dos últimos anos, a percepção política da cultura da favela e o êxito parcial de alguns projetos de urbanização revelam que não só as favelas estão aqui para ficar, como são uma parte essencial da cidade.

Em vários aspectos, transformar as favelas em recintos "turísticos" é parte desse processo de incorporação e domesticação de territórios alheios ao Estado. As incertezas que alimentam os imaginários sobre a favela, expressos na negociação ambivalente entre imagens do nacional popular e as figuras da marginalidade; entre a celebração do hibridismo, aliada ao medo do contágio da violência, são intensificadas pela nova visibilidade midiática dos favelados, marginalizados e narcotraficantes. Essa visibilidade oferece uma gama de representações das favelas, dos pobres e dos marginalizados. A internalização dos imaginários midiáticos pelos próprios favelados e narcotraficantes, por sua vez, alimenta um círculo de interatividades que disponibilizam clichês, inovações e agenciamentos. Novamente, os códigos do realismo estético são naturalizados, na medida em que o realismo fotográfico, jornalístico, cinematográfico e ficcional disponibiliza repertórios de compreensão dessa "alteridade" entranhada na cidade.

A promessa da cidade moderna era precisamente a possibilidade de inventar futuros alternativos distintos do confinamento das tradições do passado e diverso dos constrangimentos hierárquicos da vida rural. Como cenário das massas insurrectas ou como território de conquista do indivíduo empreendedor, a cidade moderna teria que realizar os sonhos e aspirações de um futuro melhor. No início do século XXI, as cidades não são mais portadoras das expectativas contidas nas utopias modernas. Carecemos de imaginários totalizantes do futuro; contemplamos a falência do futuro modernista que nunca houve, mas, todavia, proliferam narrativas e imagens apocalípticas do desmanche final fabricado com os espectros do medo que assolam cada metrópole. Ataques terroristas em Nova York, guerras raciais em Joanesburgo, descida das "hordas" faveladas no Rio de Janeiro são alguns exemplos daquilo que ameaça ressurgir em escala desregrada. A par do temor da "descida do morro", a naturalização da violência cotidiana é ocasionalmente interrompida por massacres e matanças.

Assim, o assassinato de meninos de rua defronte à igreja da Candelária, em 1993, e a chacina de moradores da favela de Vigário Geral, também em 1993, geraram polêmicas e intensa cobertura midiática. O livro *Cidade partida* (1994) de Zuenir Ventura que narra a saga de Vigário Geral e as mobilizações sociais que decorreram do massacre teve amplíssima vendagem e difusão. Tanto assim que o termo "cidade partida" tornou-se o mote central para descrever a situação social do Rio de Janeiro. Entretanto, como o próprio livro de Zuenir atesta, a polarização contida na idéia de uma cidade fraturada entre o morro e o asfalto não dá conta da porosidade cultural e das zonas de contato social que fazem do Rio de Janeiro uma metrópole fluida, tumultuada e um labirinto de desigualdade e justaposição social. Entre as favelas e os bairros de classe média que as circundam, existem inúmeros contatos, e a ambigüidade destas zonas indistintas de contato gera simultaneamente tanto a socialização empreendedora como a discriminação e a violência.

A persistência dessas polarizações sociais agudas reflete tanto a falência quanto o triunfo parcial dos projetos de modernização. As favelas proliferam no Brasil. Assim como as favelas, as periferias suburbanas do Rio de Janeiro apresentam a mesma escassez de recursos e ausência do Estado. Mas estes subúrbios negligenciados não retêm a força evocatória da favela, até mesmo porque não possuem nem a pátina do popular, nem representam a ameaça da proximidade com o narcotráfico. O impacto da mídia, a emergência das ONGs, os novos modelos de reivindicação identitária fomentados pelos padrões multiculturais globais contribuem com um repertório diversificado de automodelações sociais. A luta pela visibilidade e pela representação política, entretanto, recebe mais atenção nos domínios da favela do que nos espaços desolados de urbanidades pobres. É neste contexto que os turistas que vão ao Rio de Janeiro buscando os desfrutes da topografia tropical, da praia, do sexo, dos ritmos musicais e das lojas de Ipanema também são seduzidos a depositar seus dólares para se aventurarem no Jeep Tour, Favela Tour ou Exotic Tour da Rocinha. Embora a favela tenha sido exaustivamente tematizada na mídia, em expressões artísticas e estudos urbanísticos e acadêmicos, ela nunca havia sido objeto específico da indústria do turismo. Conforme mencionei anteriormente, durante os anos 1930 e 50, viajantes ilustres que vieram ao Rio de Janeiro ingressaram no território "exótico" da favela. Mas estas incursões eram empreendimentos individuais e careciam do caráter organizado e massivo do *tour* turístico. Estas viagens modernistas à favela não se transformaram em viagens de turismo popular. Durante o regime militar, entre os anos 1960 e 80, os esforços de promoção turística das autoridades municipais eram no sentido de atenuar ao máximo a visibilidade da favela. No período mais repressivo da ditadura militar, no início dos anos 70, estes esforços de apagamento da favela do cenário urbano resultaram, muitas vezes, em estratégias comicamente estapafúrdias, como foi o caso da recepção organizada para a American Society of Travel Agents (ASTA), confederação de turismo dos EUA. Nesse evento particular, os representantes da ASTA foram levados do aeroporto para a cidade, atravessando uma avenida Brasil ladeada de gigantescos *outdoors* que retratavam a estátua do Cristo Redentor com o dizer "Rio Welcomes ASTA with Open Arms". Os *outdoors* gigantes bloqueavam a visão das favelas ao longo da avenida Brasil. Atualmente, não só a favela não é mais escondida dos olhos estrangeiros, como há uma competição democrática em torno de sua representação. A incompatibilidade entre turismo e favela reverteu-se, e os *Favela Tours* apresentam-se como uma das formas de articular a singularidade carioca pela exposição realista da realidade social.

Os *Favela Tours*, a despeito da violência recentemente deflagrada na Rocinha, continuam a ser vendidos. Os *tours* visam mitigar a pobreza, violência e precariedade ao enfatizar como as favelas abrigam uma comunidade orgânica que consegue superar suas adversidades. A mensagem decodificada que vendem os *Favelas Tours* é a de que o Rio pode ser redimido, se as favelas forem compreendidas como realidade e não como mitos. Sobretudo, como se pode verificar no site específico do *Favela Tour*, o tour mais antigo e o mais politicamente informado, há um cuidado particular dado ao tema do voyeurismo. O site explicativo (www.favelatour.com.br) esclarece que

> *Favela Tour is an illuminating experience if you look for an insider point of view of Brazil (...) Picturesque from a distance, once closer they reveal their complex architecture, developing commerce and friendly people. Don't be shy, you are welcome there, and local people support your visit. If you really want to understand Brazil, don't leave Rio without having done the Favela Tour.*[9]

Adiante, o site explicita a censura da RIOTUR aos roteiros do *Favela Tour* e seus agentes afirmam: "[...] *they do not realize that the first action to solve a problem is to recognize its existence.*"[10] Evidentemente, mostrar a favela aos olhos estrangeiros não altera significativamente a condição dos favelados, mas possibilita a emergência de uma visibilidade que, indiretamente, mobiliza repertórios de reivindicação.

Viagem turística e hipermodernidade

Como compreender que a pobreza urbana se torne um atrativo turístico na modernidade tardia? Pobreza urbana esta, diga-se de passagem, que não é prerrogativa dos países do "Terceiro Mundo", mas que também é empacotada para olhos turísticos em Los Angeles, Nova York, Londres, assim como em Buenos Aires, Rio de Janeiro e tantas outras metrópoles. A vendagem dos *Favela Tours* cariocas somente pôde ser bem-sucedida porque é parte de um anseio pela visitação aos locais "reais" que se tornou um marco da indústria turística no mundo globalizado. Um mundo saturado de mediações midiáticas, um mundo onde a homogeneização expressa nas cadeias de hotéis, lojas estandardizadas, locais de *fast food* e *shopping malls* faz parte daquilo que o antropólogo francês Marc Augé denominou como sendo os "não-lugares" da modernidade tardia.[11] Por "não-lugar", Augé designa espaços urbanos tais como aeroportos, parques temáticos ou *shopping malls* que estão determinados por seus princípios de funcionalidade e carentes de personalização singular. Evidentemente, Augé não negligencia as pequenas diferenças entre um McDonald's em Cairo e em Seattle, mas, apesar dos contextos culturais diversos, o uso destes espaços é fortemente subordinado à sua lógica instrumental. De certa forma, estes não-lugares da modernidade são formas transculturais de ingressar no contemporâneo por meio de vocabulários em comum. Afinal, seja num shopping mexicano ou francês, seja num aeroporto peruano ou sueco, todos sabem como devem se comportar ou são instruídos para isso. A visita aos locais pobres metropolitanos sugere que tais recintos imprimem o impacto da realidade despida de cosméticos. O *tour* da pobreza é uma tentativa de vislumbrar, mesmo que por meio da fugacidade voyeurística, um cotidiano diverso que transmita uma sensação do real fora, justamente, da lógica programática do "não-lugar".

Desde o final do século XIX, já se sentia o esgotamento do exótico que tanto promoveu o orientalismo e a visão bizarra do não-europeu. Munidos do famoso guia *Baedeker*, os turistas europeus, particularmente, os do norte, trilhavam o mundo buscando nas ruínas de impérios grandiosos, no pitoresco dos bazares e na cultura popular da Europa do sul algo diverso do regramento da modernidade desencantada. Apesar de sua crescente popularização, o turismo ainda não se configurava como empreendimento massivo. Sobretudo, para aqueles turistas burgueses, diversamente dos viajantes aventureiros ao estilo de Gauguin, Rimbaud e tantos outros artistas, a viagem ao "outro lugar" era emoldurada por representações eurocêntricas que estipulavam uma noção de alta cultura derivada da tradição do passado clássico e da própria modernidade européia.

Viajamos para sair do casulo rotineiro do "estar-em-casa". Mas em que consiste "estar-em-casa" na modernidade onde "tudo que é sólido desmancha no ar?"A fabricação da cotidianidade, a formação de hábitos, a absorção naturalizada de leis sociais são medidas apaziguadoras do estranhamento. Entretanto, o regramento organizado impõe uma familiaridade que se distancia do sentimento de plenitude contido na noção de "estar-em-casa". O "estar-em-casa" possui uma narratividade poética de significação simbólica, aquela redondeza do reconhecimento que Lukács definiu como sendo a épica do mundo onde o indivíduo e sua comunidade compartilham de um mesmo *ethos*.[12] O compartilhar do mesmo *ethos* nas sociedades contemporâneas torna-se um fenômeno cada vez mais restrito às microidentidades ou núcleos familiares baseados na reciprocidade da intimidade ou de perfis identitários. Com o esmorecimento de ideologias coletivas e a debilidade crescente de sentimentos nacionais, o estar em casa se traduz em agenciamentos específicos e permutáveis. Mas o próprio cotidiano regrado e competitivo das sociedades abastadas pode transformar o sentimento de familiaridade em um estressante emparedamento. O recurso da viagem, os paraísos turísticos, os apelos ao exotismo são parte constitutiva da exaustão do familiar e do sufocamento do estar em casa. Como Walter Benjamin nos apontara nos anos 1930, tornar o longínquo cada vez mais próximo é uma das estratégias marcantes da cultura de massas.[13] Usufruir o estranhamento sem risco é próprio da vendagem comercial turística. Tornou-se um lugar-comum dos viajantes alternativos a busca da viagem que não esteja exaurida pelo empacotamento turístico. Só que as possibilidades de encontrar o "estranho" enfrentam-se com a referencialidade turística dos próprios locais a serem visitados. Atentados terroristas, catástrofes naturais, violência social e o congestionamento turístico causado pela circulação de milhares de pessoas impedem que a viagem ao estrangeiro se configure como uma atividade meramente aprazível. Se já não é possível contemplar o mapa-múndi como os personagens de Conrad que, debruçados sobre vastas cartografias, trilhavam com a ponta dos dedos os corações verdes e vazios do desconhecido, agora tampouco é garantido que o *holliday* transcorra com a fluidez das trilhas sonoras pasteurizadas dos aeroportos.

A viagem contemporânea encontra-se encapsulada pelo signo do turismo. Mas o próprio cotidiano dos habitantes das grandes metrópoles, também, se encontra enredado nas mediações midiáticas. O viajante contemporâneo convive com o hiper-real, a banalização dos suvenires, a carência de estranhamento no sentido da visitação do "sublime" e do "único". Por outro lado, especialmente nas grandes cidades, a homogeneidade aparente é contrariada pela diversidade de estilos, pela presença de diásporas imigrantes que transformam identidades sedimentadas e pelas incertezas do mapeamento simbólico. O apelo dos *tours* à pobreza urbana é a contrapartida do esgarçamento das viagens na irrealidade cotidiana, famosamente analisadas por Umberto Eco.[14]

Ao transitar pelos domínios do hiper-real nos estados da Califórnia e da Flórida, Eco explorava a eclosão das divisórias entre ficção e história; passado e presente; falso e verdadeiro. Em sua narrativa sente-se a presença irônica do viajante europeu, decifrando a nova "barbárie" da bricolagem *mass media* americana. Parques de diversão, museus de cera, parques aquáticos, fortalezas da solidão são ícones de uma vendagem turística que quer promover o sensacionalismo do "*the real thing*" por meio, justamente, da intensificação artificial. Permeando o humor cáustico de Eco estava a certeza de que os Estados Unidos, enquanto Novo Mundo técnico, tinham perdido o sentido da história, não retiveram vestígio de memória coletiva e tudo submeteram às engrenagens do espetáculo massivo. A viagem na hiper-realidade pressupõe ingressar num parque de diversões repleto dos cardápios culturais que são acionados fora de contexto e sem lastro histórico. Tudo se dissolve num presente descartável, consumista e efêmero. As oposições que Eco, nos anos 1970, tece entre *kitsch* e alta cultura, história e pastiche, autêntico e falso não perderam vigência completamente porque são alimentadas pelas próprias instituições culturais como museus, municipalidades e agências turísticas. Cabe aos museus europeus resguardarem seus signos de distinção, proferindo a diferença entre a cópia e o autêntico, embora disponibilizem ambos na galeria e na lojinha de suvenir. O que torna o texto de Eco um tanto datado e eurocêntrico é o fato de que não são somente os parques temáticos americanos que estão espetacularizados, mas os próprios locais da história, as aldeias européias, os vilarejos gregos, as localidades balinesas estão igualmente sujeitos à lógica da vendagem turística que os transforma em vitrines de consumo cultural. Somente os grandes centros metropolitanos têm capacidade de absorção do turismo massivo porque não estão inteiramente disponibilizados para o olhar turístico. É neste contexto que os *tours* da pobreza urbana revelam uma busca continuada pelo autêntico, agora não mais entrevisto como exótico, ruína mítica ou passado nostálgico, mas como vivência compartilhada de comunidades.

Favelas e o olhar turístico

Vista desde as pistas do asfalto que levam ao São Conrado Fashion Mall, a favela da Rocinha emerge espraiando-se pelas encostas dos morros, pairando acima das torres dos condomínios fechados. Para quem está nas encostas da Rocinha, os condomínios, com suas quadras de esportes, gramados penteados e piscinas simetricamente ordenadas, se avistam em primeiro plano contra a vastidão do mar. As torres de São Conrado não se acoplam à paisagem, mas permanecem como estruturas blindadas contra o pano de fundo caótico da Rocinha. Quando a noite cai, as luzes dos condomínios acendem-se em quadrados geométricos, contrastando com a colmeia de luzes piscantes da favela. Embora estas imagens ainda não figurem nos cartões-postais e guias turísticos da cidade, o contraste entre estas duas versões de habitação urbana tem sido exaustivamente enfocado.

As separações entre os domínios da pobreza e os espaços da classe média são gritantemente visíveis a olho nu, mas há uma inevitável mistura em diversas zonas de contato. A localização privilegiada da Rocinha, entre os bairros abastados de São Conrado e da Gávea, gera o encontro de uma diversidade de classes na própria favela, na praia de São Conrado e, de forma bem mais tênue, no âmbito do São Conrado Fashion Mall. O acesso democrático aos domínios do consumo de São Conrado e aos espaços públicos do bairro é obstaculizado por barreiras financeiras e mecanismos de discriminação social. O São Conrado Fashion Mall não contém lojas baratas de consumo popular, e seu único McDonald's está localizado na planta térrea do shopping. O contato dos habitantes da Rocinha com seus vizinhos de classe média é, em grande medida, uma relação de patrões e empregados, já que uma parcela considerável da população da Rocinha trabalha como porteiros, faxineiras, empregadas domésticas e vendedores de loja. Os diversos hotéis da área também se beneficiam da proximidade desta mão-de-obra barata.

Muitas vezes comparada a um labirinto desordenado, uma cidade orgânica de arquitetura improvável, a Rocinha é tão vasta, que contém várias subdivisões. Casas compactadas com lajes para potencial expansão, edificações amontoadas ao longo do morro, edifícios de vários andares e centro comercial coexistem na carência de planejamento urbanístico da favela. Sua expansão desordenada ameaça devorar os últimos vestígios de vegetação nos morros. Enquanto se esparrama para os lados da Gávea, a Rocinha já devastou as áreas verdes do Parque da Cidade.

Em 1996, a Rocinha foi oficialmente classificada como um bairro pelas autoridades municipais. Quando indagados se a Rocinha era um bairro ou uma favela, em entrevistas que realizei em 2001, moradores e membros de associações de moradores da Rocinha e de São Conrado responderam que a Rocinha era uma favela.[15] As razões que enumeraram para classificar a Rocinha como favela referem-se ao domínio do narcotráfico, à ausência do Estado e à irregularidade das construções e do saneamento urbanístico. Contendo tanto áreas residenciais quanto comerciais, a Rocinha apresenta diversidade urbana e tem suas próprias divisórias entre os miseráveis, os pobres e uma classe média precária. Com um mercado imobiliário em forte expansão, conseguir alojamento na Rocinha é uma tarefa custosa que depende não só de meios financeiros, mas de contatos familiares. Com o maior movimento do tráfico de drogas do Rio de Janeiro, a Rocinha também é a favela mais próspera da cidade.

Um *flâneur* da Rocinha pode ter acesso à sua diversidade urbana, ao caminhar pelas ruas comerciais: largo dos Boiadeiros com produtos nordestinos, lojas de produtos infantis, bares de todo tipo e restaurantes variados. As mototáxis sobem e descem o morro, crianças saem em grupos das escolas, traficantes fazem uma aparição com metralhadoras, turistas acenam dos jipes. Em breves passadas, o visitante circula por ruas de casas de alvenaria, pracinhas decoradas com grafites e ruelas de barracos de madeira com o valão de esgoto a céu aberto. Do topo da Rocinha, na ponta do Laboriaux, descortinam-se a lagoa Rodrigo de Freitas, as mansões da Gávea, a praia de Copacabana, o Corcovado e o complexo arquitetônico da Escola Americana, uma das mais caras do Rio de Janeiro.

Com uma população estimada em 200 mil, a Rocinha é a favela mais globalizada e mediatizada do Rio. Noventa por cento das casas possuem televisão, TV Roc e TV Siri oferecem serviços de televisão a cabo, existem várias estações de rádio, jornais, centro de computação do Viva Rio e *website* próprio. Mas, conforme salientaram os entrevistados e de acordo com o empirismo das estatísticas, a Rocinha continua sendo considerada uma favela pela cultura da violência do tráfico, pela carência de escolas, serviços de saúde e saneamento. O tráfico, por sua vez, coloca-a no mapa da globalização, já que a favela se torna um ponto de referência no circuito transnacional das drogas. Com uma população provinda, em grande medida, do Nordeste brasileiro, a Rocinha mantém tradições nordestinas, mas dispõe de um cardápio de consumo cultural variado que abarca o forró, samba, rock, funk e charme nos bailes lotados do clube Emoções. Continua sendo uma favela predominantemente católica, embora a umbanda, o candomblé e, com maior expressividade, as diversas seitas evangélicas marquem presença com igrejas, altares e locais de culto espalhados pelo meandro urbano.

A globalização da Rocinha se expressa também no seu circuito turístico. Além das agências de viagem localizadas na própria favela, que atendem aos clientes da comunidade, a Rocinha é o local da destinação do Favela Tour, do Jeep Tour e do Exotic Tour. Turistas interessados em conhecer a "realidade" favelada podem comprar seus ingressos para o passeio, via internet ou no próprio hotel. Enquanto o *Favela Tour* possui um perfil politicamente correto e realiza o transporte dos turistas numa discreta van, o Jeep Tour empilha turistas nos jipes devidamente pintados com as cores militares de camuflagem como se a expedição a Rocinha fosse também uma aventura aos territórios de "nativos"desconhecidos. Já a publicidade da Exotic Tour parece ignorar a ironia que desponta entre o uso do adjetivo *"exotic"* e sua proposta de mostrar a favela pelos olhos dos jovens guias da comunidade. A despeito das incongruências dos nomes e dos jipes de camuflagem, todos os *tours* insistem na vendagem da "coisa verdadeira", ou seja, atendem a um desejo de garantir uma experiência da realidade autêntica que não é camuflada pelo cartão-postal clichê da Cidade Maravilhosa. A narrativa politicamente correta dos *tours* enfatiza a comunidade, sua solidariedade social, a expectativa positiva dos pobres que almejam construir uma vida melhor. Mas a adrenalina causada pelos imaginários do exótico e do perigo ainda atiça a curiosidade do visitante.

Em contraste ao consumo de classe média, encontrado nos recintos dos edifícios de arquitetura internacional de São Conrado, os turistas estrangeiros que vão a Rocinha são convidados a se interessar pelas especificidades culturais da socialização dos pobres e também a experimentar o "choque do real" que as construções precárias, o cheiro de lixo, os ruídos de rádios, a aglomeração de gente e a presença de traficantes fornecem. Com suas vistas panorâmicas, calma aparente, receptividade dos moradores e proximidade com os bairros ricos da cidade, o *tour* à Rocinha pode ser experimentado e muitas vezes é empacotado como uma brecha, um fragmento do real que não implica imiscuir-se de perto nas realidades cruas de favelas tais como Cidade de Deus que carecem da cor local do morro ou de favelas onde há grande miséria social como as da Maré, Complexo do Alemão, entre tantas outras. O real da *Favela Tour* é o real do espetáculo não porque o *tour* camufle ou mitifique a pobreza, mas porque a relação entre o cenário favelado e o turista é inevitavelmente uma relação de voyeurismo protegido. O glamour da favela consiste na sua aparição como o "real" sem enfeites que depende, por sua vez, da verossimilhança realista da sua apresentação. Diversamente dos hotéis estandardizados, dos *shopping malls* com marcas internacionais, dos edifícios modernos, o realismo da favela traduz uma especificidade de lugar que deve ser incorporada ao discurso turístico que justamente almeja visualizar o diferente sem que essa alteridade seja ameaçadora. O paradoxo do turismo é a busca pelo autêntico quando os próprios turistas já desconfiam das encenações dos "nativos" antenados com a vendagem de sua própria cor local. No caso dos *Favela Tours*, o que se vende é a realidade realista. Mas esta realidade realista que promove a humanização e a dignidade do pobre encontra-se, de fato, em um território minado. A favela empacotada como "parque temático" da pobreza, do popular e da comunidade não consegue ser contida pelos discursos de domesticação. O som dos fogos de artifício anunciando a chegada das drogas ou da polícia, a proibição de trafegar em zonas próximas das bocas de vendagem de drogas, o recuo imediato dos guias em face ao menor sinal de perturbação denotam que, de fato, os *Favela Tours* trafegam numa zona ambígua. A despeito dos quiosques que vendem produtos locais da Rocinha, da associação de artesãos expondo objetos, cartões-postais, camisetas e artesanato local – artesanato este que, diferenciando-se do popular rural brasileiro, trabalha, muitas vezes, com material industrial reciclado do lixo – apesar de toda essa montagem da resistência e inventividade da comunidade, o êxito da empreitada se suspende, quando há conflagrações de violência.

Compreendendo o Favela Tour

Conforme já observado, o que se vende nos *Favela Tours* é uma espiada na realidade favelada removida da glamorização padronizada das praias e do carnaval. Entretanto, a promessa do *"real thing"* não se cumpre inteiramente. A heterogeneidade da favela desestabiliza o olhar e não garante a apreensão de um produto único. Pobreza e violência, comunidade e auto-ajuda, imaginários da mídia e políticas de agenciamento, esse espaço é fluido, é um espaço percorrido em vez de vivenciado, é corporificado e projetado, é estetizado e distanciado. O turista está na favela, mas ele a atravessa dentro de normas estipuladas e sob a vigilância dos guias. A realidade realista é também estranhada porque não se trata de uma visita às casas populares construídas de acordo com os parâmetros da arquitetura pública moderna, mas do encontro "inesperado" com o improvisado informal, com a escassez gerando cultura de sobrevivência, com o popular brasileiro que é, ao mesmo tempo, globalmente midiatizado.

Enquanto espetáculo, a Rocinha dos *Favela Tours* não pressupõe a simulação de uma realidade escondida, mas uma superposição de camadas de realidade que são experimentadas na moldura espaço-temporal do passeio pela favela. São experiências negociadas pelo olhar, pela câmera fotográfica, pelo confinamento no jipe, pelos imaginários midiáticos, pelos sons e cheiros de um local onde se está de passagem. A realidade do turista é uma condensação das representações de uma realidade tangível que, entretanto, torna-se intangível pela performance de estar no lugar. Olhar e fotografar fazem parte da tentativa de reter o local, embora estas mesmas atividades congelem esta realidade em imagens.

Mas o *tour* também oferece a sensação de misturar-se, momentaneamente, num mundo diferente. Essa experiência de alteridade pode ser cancelada pelo olhar *blasé* do *dèjá vu*, pode ocasionar desconforto, excitação ou medo. Todos os ingredientes de um filme de ação estão lá na favela e transparecem na presença dos traficantes, na aparição de policiais armados e nos bandos de adolescentes portando armas. Em meio destas polaridades, desponta a vasta gama de pessoas, os trabalhadores que cotidianamente buscam sobreviver, educar seus filhos e melhorar suas condições de vida.

Para olhos estrangeiros, os pobres das favelas cariocas são atraentes não somente porque buscam melhorar suas vidas, mas porque a maneira com que driblam as adversidades é singularmente empática. Os pobres politicamente conscientes ajustam suas auto-representações às linguagens dos desprivilegiados que circulam pelas ONGs e outras agências globais, os pobres "orgânicos" representam a cultura local com as alegrias do samba e a vibração do funk, hip-hop e outros ritmos.

As atrações da comunidade se destacam, porque os postais da cidade da violência e da escassez obtiveram ampla divulgação, e estas imagens do horror, de balas perdidas, crianças armadas e drogadas, jovens mortos na guerra já fazem parte do pacote do sexo, sol e divertimento do Rio de Janeiro. Os visitantes buscam experimentar este aspecto da realidade carioca sem correr o risco de levar uma bala perdida como suvenir.

As motivações para se engajar num *Favela Tour* são, evidentemente, variadas. Mas sua manutenção só é possível porque elas de fato proporcionam alguma gratificação. O espetáculo da pobreza é garantido, mas a sensação de empacotamento turístico se desfaz, porque os locais não estão *"performing"* para olhos estrangeiros. E é o próprio espaço heterogêneo da favela que garante a performance.

Conclusão

As favelas surgem no cenário urbano contemporâneo como sinédoque dos dilemas sociais brasileiros e como locais de contenda que decidirão a viabilidade das metrópoles no Brasil. O tráfico de drogas ilegal é o principal agente da visibilidade das favelas, e a batalha entre traficantes, polícia e Estado tem engrossado a cultura do medo e da violência numa escala sem precedentes. A presença constante da mídia, principalmente a televisão, e a circulação de formas de consumo globalizadas, estilos de vida e agendas políticas transformaram as expectativas e identidades culturais. Imagens de favelas globalizadas vêm à tona, enquanto os retratos identitários do Brasil se fragmentam. É neste espaço incerto, criativo e devastado que o turista em busca do *"real thing"* ingressa ao se aventurar no *Favela Tour*.

A favela da Rocinha é um espetáculo do realismo cotidiano, e o impacto de avistar o aglomerado de gente compactado nas ruelas estreitas, a justaposição entre extrema pobreza com nichos de bem-estar de classe média e o contraste entre a arquitetura improvisada e precária com a vista espetacular da cidade são suficientes para garantir o valor do ingresso. A disputa pelas diferentes formas de representação da favela incrementa-se com a presença crescente de jornalistas, antropólogos, urbanistas e turistas. Dentro desta multiplicação de discursos e imagens, os moradores das favelas não somente selecionam seus próprios repertórios como também adaptam suas falas e modos de interpretação de acordo com aquilo que supõe que lhes dará ressonância política ou material. Em outras palavras, também internalizaram as versões *mainstream* de si mesmos.

Representada tanto como o local do autêntico e do exótico, como a comunidade imaginada e como terreno do risco, violência e pobreza, a favela é o ícone que sintetiza os impasses da cidade. Enquanto aglomeração urbana desprovida de regramento urbanístico, habitada por pessoas que não retêm a posse legal de suas vivendas, as favelas são "cidades sem mapas". Enfatizo a noção de cidades sem mapas para sugerir as "zonas de contato indistintas" entre a cidade e a favela. Como antítese do subúrbio americano, este espaço rizomático oferece uma urbanização contrastante de novas dinâmicas urbanas que são contraditórias, porosas e permanentemente renegociadas.

5. Realismo sujo e experiência autobiográfica[1]

Vidas reais e autoria

A demanda por narrativas e imagens que retratam a "vida real" atinge todos os circuitos midiáticos. No meio editorial, há o *boom* das biografias, autobiografias, relatos de testemunho, diários e cartas íntimas. No bojo de produções em torno da escrita do "eu" ou do "espaço biográfico", existem variações consideráveis que vão dos relatos best-seller de "auto-ajuda" que narram a saga da superação ou de conversão de um "eu" voluntarista em face de adversidades variadas, até escritas complexas em que a rememoração do passado é entrevista como algo elusivo, onde o "eu" e a experiência são instáveis e passíveis de contraditórias representações.[2] Já em inúmeras produções cinematográficas recentes, tais como *Antes que anoiteça*, *Pollock* e *Capote*, entre tantas outras, a trama narrativa se concentra na figura do artista como personagem principal, e sua vida constitui-se como alvo do interesse, enquanto a obra artística propriamente dita figura como apêndice.[3]

No circuito audiovisual, a espetacularização da vida íntima ganhou novos contornos com os *reality shows* televisivos em que pessoas anônimas encerradas em casas-laboratório atingem a fama instantânea ao terem suas atividades comezinhas e diálogos banais registrados por câmeras. Se nos *reality shows* há a criação de uma estufa artificial que serve de zona de experimentação controlada para que, no afã de abocanhar fama e fortuna, pessoas diversas possam fabricar identidades empáticas ao grande público, nas novas levas de documentários realistas busca-se um desmonte da espetacularização para que personalidade e circunstâncias de vida dos retratados tenham essa espessura da "vida real". Já na Internet, proliferam os *blogs* e *fotologs* personalizados que, muitas vezes, transmitem as imagens e narrativas cotidianas de pessoas até ontem anônimas.

Tais escritos e imagens do "eu", postos em circulação pelos diversos meios midiáticos, assinalam novas imbricações entre o público e o privado; o ficcional e o real. Em relação à perda das divisórias clássicas entre o público e o privado, vale ressaltar que a valorização do "eu" decorre, entre outras coisas, de dois fatores conexos. Por um lado, a politização da vida privada, na medida em que as características biográficas dos indivíduos assumem um peso relevante na definição de papéis e reivindicações sociais. Por outro, a presença avassaladora da mídia que engloba, na mesma teia de visibilidade, tanto agendas e eventos públicos, quanto notícias referentes à individualidade privada.

A democratização social ampliou o leque de reivindicações dos direitos de cidadania, inclusive, as políticas de identidade cultural transformam fatores biográficos, tais como ser mulher, gay ou negro em categorias políticas. Mas juntamente com este consenso sobre os direitos de minorias e anônimos, os meios midiáticos promovem a cultura das celebridades efêmeras. A indústria do entretenimento, desde seus primórdios no século XIX, sempre atiçou a curiosidade sobre a vida íntima de atrizes, pessoas notáveis e artistas. Entretanto, é somente na cultura imagética do século XX que pessoas banais sem talentos específicos ou histórias de vida singulares, são alçadas à meteórica fama instantânea que logo se apaga sem deixar lastro. Assim, integrantes do *Big Brother*, participantes de shows de variedades, animadoras de auditório, enfim, uma gama de pessoas envolvidas em atividades que lhes garantem instantes de visibilidade midiática são logo deletadas por nova leva de aspirantes à fama.

No plano político, a vida privada dos dirigentes converteu-se em matéria decisiva que abaliza a validade de suas premissas públicas. Há uma incessante fabricação de imagens de líderes políticos por mestres do marketing que buscam enfatizar a coincidência entre sinceridade, autenticidade e probidade privada com a capacidade de alavancar projetos de bem-estar social. O carisma populista alimenta-se desta ficcionalização da *persona* pública, em meio ao esgarçamento de projetos coletivos de futuro.

Essa exacerbação da individualidade e do privado adquire potencialidade porque se nutre de um vasto repertório ficcional disponibilizado por romances, filmes, seriados televisivos e programas de auditório. Tornou-se um lugar-comum assinalar como na modernidade tardia as fronteiras entre o real e o ficcional se esvaem, na medida em que assimilamos imaginários ficcionais para tecer as narrativas do nosso próprio cotidiano.[4] Mas insistir no caráter fabricado e imaginário dos nossos enredos não significa que estes sejam "distorções" de alguma realidade mais profunda, mascarada pelos repertórios banalizados que circulam midiaticamente. Há uma aceitação da relativização antropológica cultural de como processamos nossas invenções do "eu", ou seja, a maneira pela qual selecionamos imaginários específicos em detrimento de outros também revela as circunstâncias reais da nossa autofabricação. Entretanto, quando os processos de ficcionalização se naturalizaram como modalidades disponíveis para a fabricação da autoimagem, buscamos algum vestígio de experiências que não sejam mediadas.

Um dos paradoxos da construção da subjetividade contemporânea é a sobreposição de ideários contraditórios do "eu".[5] Este embate entre repertórios contraditórios, que vão do pragmatismo utilitário, do devaneio romântico, da busca pelo transcendente e da ética religiosa, entre tantos outros, à ficcionalização narrativa e imagética de nossas vidas, auxilia na construção de uma imagem coerente do eu. Por meio de diários, cartas, fotografias, vídeos e suvenires sedimentamos as peças que compõem um enredo maior, cujo final não podemos antever. Se os laços sociais reforçam a idéia de nossa unidade de ser na medida em que somos identificados e reconhecidos no nosso meio social, as incessantes transformações da vida contemporânea na família, trabalho e relações afetivas fazem com que a tangibilidade do presente e as expectativas do futuro sejam incertas. Nesses territórios do cotidiano, a validade da ficção enquanto tal perde sua força mobilizadora, na medida em que se busca compreender uma experiência intensificada do real e ter acesso a ela. Daí o apelo dos *reality shows* que supostamente ofereçem enredos de pessoas reais. A presença da câmera que observa e registra atos nímios e o fato de que essas pessoas devem criar para si personagens reconhecíveis para o público não eliminam o apelo do *real thing*, porque a mediação da câmera termina por suscitar situações e realidades novas. Estas pessoas banais atuando em ambientes vigiados por aparelhos ópticos oferecem o espetáculo supra-exposto de algo que já nos acontece rotineiramente na medida em que passamos diariamente por câmeras de vigilância, *scanners* de identidade e mecanismos de controle. A diferença é que, no *reality show*, a criação do personagem é muito mais deliberativa e, por outro lado, o livre-arbítrio dos participantes é altamente restringido, porque eles não têm acesso aos manejos e cortes de edição feitos pelos montadores. Desta forma, embora possam interagir com os colegas e buscar estratégias de sobrevivência, seus destinos estão nas mãos dos controladores do programa e no ibope do auditório. Em última instância são marionetes televisivas, e esta condição de emparedamento, visibilidade midiática, súbita fama e descartabilidade parece refletir algo sintomático das relações humanas em sociedades altamente competitivas, individualizadas e midiatizadas.

Algo distinto ocorre com os autores de *blogs* e *fotologs*. O *blog* permanentemente atualizado absorve e depura os comentários dos internautas. Há uma interatividade entre público e autor que, por sua vez, tem controle sobre sua produção. Entretanto, o chamativo dos *blogs* e *fotologs* é que o assunto candente não é, necessariamente, a força da imaginação criativa do autor, mas a capacidade que ele tem de projetar sua vivência corriqueira na tela e fazer disso um assunto de identificação empática. O romance realista de autor resgata o comum, mas, por meio de sua maestria artística, o óbvio transforma-se em algo que nos impele a refletir sobre a condição humana. Na fotografia realista dos grandes mestres, há um olhar treinado e prenhe de conhecimento de imagens prévias que seleciona o momento fotográfico que irá render aquela fatia da realidade intensificada. Mas os escritores de *blogs*, assim como os fotógrafos dos *fotologs* não são, necessariamente, artistas leitores ou fotógrafos peritos em fotografia.[6] Ao contrário, muitas vezes os escritos e imagens são produtos de um cotidiano imediato que apresenta relevância, na medida em que coloca em foco a vivência pessoal do escritor-fotógrafo. Constitui-se, assim, uma espécie de arena democrática do dizer instantâneo que faz uso dos imaginários em circulação, mas não se edifica como um projeto de aprendizagem artística ou projeto de construção do ser. Não se trata do *Bildungsroman* em que vemos o desenlace formativo do "eu", tampouco há o aprimoramento de um projeto de conhecimento. Estamos aqui no espaço dos autores que quase não leram, dos fotógrafos que não possuem erudição imagética, de uma multidão de autores que dialogam com seus pares na tentativa de construir uma comunicação que amenize a solidão do internauta na sua cápsula cibernética. Mas é esta a experiência que se compartilha, a de serem indivíduos no enredo urbano. A tela cibernética possibilita a comunicação sem a ameaça do encontro direto com o estranho, algo que é parte da experiência social da grande cidade. Sobretudo, a criação de personagens nos *blogs* e *e-mail chats* se constrói na indefinição entre real e ficcional, na medida em que o meio eletrônico facilita um intrincado jogo de invenções do eu. Este jogo, entretanto, gera interesse, porque é uma brincadeira entre pessoas reais que usam máscaras ficcionais para se inventarem e construírem vidas sobrepostas ao costumeiro cotidiano.

Se não há um chão comum de vivências, memórias ou tradições, se nossa vida é permanentemente influenciada pelos imaginários postos em circulação pelos meios de comunicação e instituições, como forjar conexões de significados que rompam o casulo da solidão? Afora os rituais coletivos de cunho hedonista ou patriótico, afora as manifestações conjuntas da fé, o cotidiano normativo dos habitantes das grandes cidades é pautado pelo fechamento no mundo individual. Tornar o individual público é uma maneira de expor a experiência que marca a vida dos anônimos, embora justamente esta experiência não possua lastros totalizantes nem coletivos. Mas, ao se expor os detalhes do cotidiano sem coletivo, termina-se por sedimentar um somatório de individualidades identificatórias.

As autobiografias e biografias, por sua vez, possuem outro código de retórica. São escritas que fazem uso dos recursos de dramatização ficcional, mas seu apelo advém da existência material das pessoas retratadas.[7] Diversamente dos *blogs*, os sujeitos protagonistas de biografias e autobiografias somente ganham leitores se a construção de suas *personas* possuir algum destaque. É sinal dos tempos, entretanto, que enquanto o século XIX foi prodigioso em biografias e autobiografias de pessoas notáveis, o século XX alargou, consideravelmente, a galeria de personagens passíveis de ingressarem no âmbito do espaço biográfico e diversificou o gênero canônico da autobiografia exemplar numa pluralidade de relatos íntimos, confessionais e revelatórios.

Em qualquer dessas modalidades, seja na espetacularização do *reality show*, passando pela prosa do cotidiano compartido do *blog*, e até no retrato de vida da autobiografia o que está em pauta é uma busca pela significação da experiência pessoal. A condição do ser é ontologicamente solitária, na medida em que ninguém pode nascer o nosso nascimento, existir a nossa existência ou morrer a nossa morte.

Quanto à "autoria", ao longo do século XX, assistimos às mais sutis transformações da "assinatura" como atributo de valor de objetos produzidos em escala industrial, das quais o *design* é o exemplo mais cabal. A ruptura com as formas tradicionais de atribuição de autenticidade das obras de arte, no contexto do modernismo clássico, foi, neste sentido, apenas parcial, pois um certo "efeito de assinatura" permaneceu como índice de autoria, à qual a própria noção de autor (e sua biografia) estava, em larga medida, subordinada. No contexto dos realismos contemporâneos, a autenticidade das obras e, sobretudo, das experiências das quais são portadoras, repousa principalmente sobre a biografia. É a biografia, o lugar de onde se fala, a trajetória de vida de quem fala e em nome de quem se fala – e não somente a imaginação, a inspiração ou a experimentação, por exemplo – que constituem o autor e legitimam o seu imaginário.

Ao contrário dos romances naturalistas e realistas do século XIX, nos quais a subjetivação autoral era cancelada em prol da observação documental (naturalismo) ou da condição social e expressão psicológica dos personagens (realismo), diversas narrativas realistas contemporâneas não privilegiam uma objetividade descarnada. No lastro do novo jornalismo literário americano dos anos 1950 que matizava a observação empírica com recursos literários de caracterização dos personagens, riqueza de descrição e enfoque na autoria do escritor, em novos registros realistas, a subjetividade e o lugar de onde se fala tornam-se fatores importantes que abalizam a autenticidade da narrativa.[8] A objetividade aqui adquire um novo sentido, pois ela consiste em ser fiel aos critérios próprios de observação e em ter conhecimento de como o "eu" autoral se vê imiscuído no mundo.

Ainda que os cânones da cultura letrada e da experimentação formal possam ser eventualmente acionados nessas produções, a velha categoria da "autenticidade" revigora-se, agora vinculada ao biográfico. No caso brasileiro, para citar um exemplo, o retrato da favela verbalizado pelo favelado possui maior poder de barganha do que a visão da favela entrevista pelo fotógrafo classe-média, pelo cineasta publicitário ou pelo escritor erudito. Dá-se nessa demanda um dos paradoxos do realismo contemporâneo: o testemunho biográfico serve igualmente como critério de validação da experiência e como suporte da ficção. Tal demanda exige viver a vida de cada dia com o olho rememorativo que converte a experiência em matéria estética apreensível segundo critérios sedimentados pela ficcionalização. Se os autores testemunhais predicam o "ver-me como quero ser visto", esta exposição está em larga medida condicionada pelas estéticas da verossimilhança realista.

Nas páginas a seguir, quero enfocar o estudo de caso de dois artistas distintos que, entretanto, apresentam algumas características em comum no que se refere às estéticas do realismo e à experiência autobiográfica. São eles o escritor cubano Juan Pedro Gutiérrez (1950-), autor de contos, poemas e romances entre os quais se destacam os seis livros que compõem o ciclo de Havana, e a fotógrafa americana Nan Goldin (1953-) cujas fotografias aparecem em vários livros, entre os quais *I'll Be Your Mirror* (1996) que será o objeto de minha análise.

Estes artistas trabalham essencialmente com a experiência autobiográfica. Mas para cada um, esta experiência, o teor dela e as implicações culturais que possibilitam a formação do "eu" são diferentes. Ambos incidem na retratação de culturas fora de uma suposta "normalidade" classe média *mainstream*; investem, fortemente, na vivência de cidades específicas, Havana e Nova York, e fazem uso da *persona* autobiográfica para enfatizar diferentes estéticas do realismo em que o texto e a imagem parecem fruto de uma espontaneidade vivencial pautada, sobretudo, pelas experiências sensoriais do corpo.

Realismo sujo e a experiência autêntica

Em várias entrevistas, Gutiérrez enfatiza as origens de sua prosa: a prática jornalística e a influência dos modernos escritores americanos, tais como Hemingway, Capote, Faulkner, entre outros. Também reconhece seu débito aos mestres da novela detetivesca, como Chandler e Hammet. Colocando-se fora dos cânones da literatura cubana, Gutiérrez almeja, sobretudo, o efeito realista de uma prosa despida do preciosismo literário. É uma literatura que se distancia da prosa ornamental, metafórica ou conceitual. Mas é uma prosa que tampouco se quer aprisionar nos clichês que remetem aos gêneros narrativos trilhados com um estilo de escrita facilmente identificado como é o caso das narrativas de detetive, dos romances de ação ou dos enredos de desenlace passional. O autor com quem mais consistentemente tem sido comparado é Charles Bukowski, o mestre americano da narrativa boêmia lúmpen de uma Los Angeles dos desesperados. No entanto, Gutiérrez renega o parentesco e no seu site declara que somente leu Bukowski tardiamente, devido aos insistentes comentários que os relacionavam. São evidentes, entretanto, os motivos da comparação. Como Gutiérrez, Bukowski também recria um *alter ego* personagem que possui suas características marcantes, é escritor, afeito à bebida e ao sexo, boêmio e avesso aos apelos do *american dream* da realização pessoal nas modalidades apregoadas pelo sistema que estipula a demarcação implacável entre os perdedores e vencedores na corrida da competição pessoal. Se Bukowski, na sua escrita direta, coloquial e um tanto descrente, desfaz as mitologias do "progresso" individual e social, Gutiérrez, de outra forma, dinamita as expectativas redentoras de uma socialização coletiva. Mas o que de fato os une é a aposta fundamental numa estética do realismo sujo, apoiada no relato autobiográfico ficcional que outorga uma centralidade a um corpo transgressor em contínuo embate com os limites de suas circunstâncias sociais. No entanto, o relato do sexo desmedido, da bebedeira incontrolável e da intoxicação nos fala de uma impossibilidade de aceitação do desencantamento cotidiano. Nessa pulsação, os instantes de epifania estão empapados dos detritos do mundo e jamais se afastam da materialidade humana das coisas entrevistas no seu prosaico costumeiro. Não há sublime, nem elevação transcendente, mas a intoxicação erótica e etílica produz uma alquimia da mutação e garante instantes de prazer revelatório que somente podem ser apreendidos na representação narrativa. Em outras palavras, o realismo sujo que busca encurtar a distância entre vivência e escrita joga com uma contradição, porque esta vivência ganha significado, quando ela deixa de ser vivência e passa a ser escrita literária.

A prosa de Gutiérrez retoma o tema do fracasso, da vida fora do sistema, da perda de perspectivas redentoras para enfatizar a falência de qualquer projeto utopista revolucionário numa cultura que, entretanto, ainda possui sua pujança coletiva na festividade, nos rituais da santeria e na corporalidade compartilhada.

A coincidência entre experiência de vida e narração ficcional repousa na valorização da sinceridade e da autenticidade como abalizadoras da representação. É neste sentido que Gutiérrez aceita a rotulação de realismo sujo quando menciona seu livro *Animal tropical* (2000) e declara:

> E eu acredito que este livro está dentro de uma linha muito forte do realismo sujo, entendido como uma maneira de chegar sempre ao limite da literatura, ao limite dos personagens, de não esconder nada dos personagens. Isso é o que entendo por realismo sujo. Há quem acredite que o realismo sujo é falar da sujeira material que pode existir em Centro Havana, ou descrever cenas sexuais. Mas para mim, escrever desta maneira é chegar ao limite de cada personagem (...) Eu entendo a literatura como um ato de reflexão, de análise, de exploração da vida e de sinceridade. Estou fazendo litera-

tura, não jornalismo, nem testemunho, mas com muita sinceridade, tratando de dizer o que ninguém se atreve a dizer.[9]

Se a literatura depende da sinceridade com que se narram experiências-limite por que ela se diferencia do testemunho ou do jornalismo? Para Gutiérrez, a resposta estaria na ênfase que ele coloca na espessura do retrato que foge da suposta objetividade jornalística e não se esgota no projeto de denúncias, tão característico dos relatos de testemunho. Mas esta subjetividade desregrada nas sujeiras do mundo encerra uma agenda específica da arte literária, uma postulação que define uma recusa frontal ao imaginário fantasioso. Esta postura sobre o fazer literário é continuamente repisada pela comparação entre sua figura de escritor "sincero" e um dos grandes mestres da literatura cubana, Lezama Lima.

Em entrevista ao jornalista espanhol José Luis Guntin, Gutiérrez explicita o contraste:

> Lezama Lima vivia no meio do bairro Colón, o bairro das putas de Havana, na rua Trocadero. Ele queria escapar dessa realidade pelos livros. Comia uma pizza ou uma milanesa num bar pé sujo e depois se fechava no seu quarto para escrever sobre os mais suntuosos banquetes romanos. Vivia vestido com terno, com as portas e as janelas fechadas. Tudo ao contrário da gente que o rodeava.[10]

Em palestra realizada no Centro Cultural Banco do Brasil do Rio de Janeiro, em 2003, escutei a mesma anedota sobre a pizza indigesta de Lezama Lima e seus escritos sobre os banquetes romanos. Pouco importa a veracidade da anedota. Se Lezama de fato comia em tal pizzaria ou se sua prosa sensual e metafórica era um antídoto contra o mundo da escassez, sordidez e da restrição controlada. O que interessa nesta anedota é como Gutiérrez a utiliza para afirmar sua própria concepção da relação entre experiência e ficção. Concepção esta que delimita uma linhagem diferente entre aqueles escritores que fazem da vivência cotidiana seu material de escrita e outros que tecem da fantasia seu nicho de ficcionalização. Os primeiros pertenceriam ao gênero da estética realista; os outros se alinham na literatura fantástica, surreal, neo-romântica, imaginativa, metafórica.

O significativo de sua anedota, assim como o poder de sua própria prosa reside em algo que ele não esclarece e sobre o qual não delibera. Este "algo" está contido na equiparação entre percepção da realidade social e o registro realista. Em outras palavras, o que Gutiérrez enfatiza é que a realidade é realista, que ela é feita da observação vivida, da anotação palpável da prosa mundana e da percepção social e psicológica dos seres humanos sobrevivendo nas engrenagens do social. Lezama, em seu devaneio do banquete romano, revelaria a fantasia em fuga da denotação própria da realidade.

Entretanto, sabemos que a realidade é disputada e fabricada por discursos, instituições, agentes e eventos. Nossa condição moderna coloca em destaque a natureza fabricada de realidades múltiplas. Desde suas origens, o romance é o gênero literário que mais potencializa a multiplicidade de vozes, subjetividades e discursos que tecem a tessitura da representação da realidade. Um escritor como Gutiérrez não negaria a pluralidade dos imaginários culturais sobre a realidade. Mas o que ele busca destacar é que a escrita, para ele, não decorre da imaginação fantasiosa, mas da ficcionalização da sua própria experiência. Para tornar-se convincente, esta escrita deve estar imbuída de algo que lhe dê poder de persuasão, a famosa pregação da sinceridade que também se coaduna com a autenticidade. Para um escritor realista como Gutiérrez, a sinceridade está no descaramento de sua prosa que busca ferir qualquer decoro do bom-tom e que desmascara os ideários do bemestar cubano, revelando a precariedade, escassez, sordidez e, ao mesmo tempo, a pujança de Centro Havana e sua população de biscateiros. Esta sinceridade, por sua vez, se legitima em face da vivência personalizada do autor que não estaria literariamente construindo a fala e o pensamento dos seus personagens a partir de fora, não teria a distância antropológica, nem a estilização literária porque sua construção ficcional é perpassada pela autenticidade de sua própria experiência.[11] Com exceção do romance *Rei de Havana* (1999), todos os contos e romances de Gutiérrez têm como protagonista Pedro Juan, um *alter ego* ficcional cujo nome reflete seu espelhamento com o autor. Mas a fabricação da autobiografia ficcional não é necessariamente inevitável para garantir o "efeito do real" da autenticidade do relato.

Enquanto Gutiérrez enfatiza o lado autobiográfico de sua ficção com declarações como:

> [...] me dei conta de que 85%, talvez 90% do que está escrito na *Trilogia* é totalmente autobiográfico, cruamente e excessivamente autobiográfico. Às vezes penso que me desnudei demais diante do público, fiz um strip-tease prolongado demais.[12]

Onde está a linha divisória entre a ficção e a experiência autobiográfica, onde começa a máscara do *alter ego* personagem ficcional e termina a automodelação do escritor Pedro Juan?

Ao longo do ciclo de Havana, o personagem Pedro Juan vai modificando-se, envelhecendo, adquirindo novos amores, desfazendo-se de outros, mas, no espelhamento da "vida real" do seu autor, nunca atinge a proeminência literária do mesmo, nem adquire o patrimônio da vendagem dos seus livros. Como revela em várias entrevistas, a relação do autor Gutiérrez com seu personagem é eivada de ambigüidades. Por um lado, Gutiérrez afirma que o Pedro Juan ficcional é "muy autobiográfico", e que os outros personagens são combinações inventadas de pessoas que conheceu e observou. Por outro, admira-se da reação dos jornalistas, quando estes o entrevistam e ficam espantados em encontrar um homem afável e bem-humorado que se distancia da imagem da truculência macha encenada pelo personagem autobiográfico. Pedro Juan autor alimenta-se de Pedro Juan personagem, porque este lhe confere fama e legitimidade. Pedro Juan autor cultiva seu lado *anticelebrity* que segue, entretanto, por outras vias, a mesma lógica da *celebrity*. No seu site oficial, o autor Pedro Juan se exibe em galerias de retratos que remetem diretamente aos locais retratados na sua ficção. Nós o vemos em *close up* no terraço tropical – local tantas vezes mencionado em seus livros –, suspenso acima dos edifícios carcomidos de Centro Havana. Outras imagens mostram Pedro Juan pintando quadros abstratos tal como seu protagonista. Vários retratos enfocam o rosto marcado, a careca total e o charutão cubano fincado na boca, características físicas também reveladas nas páginas literárias, embora no retrato do Pedro Juan personagem o leitor seja brindado com minúcias de detalhes que descrevem o sexo do *alter ego*. Em quase todas as entrevistas, Pedro Juan autor enfatiza episódios de sua vida, detalha que constrói os personagens a partir da observação direta do que transcorre a sua volta em Centro Havana, bairro lúmpen, deteriorado com gente sobrevivendo por meio dos mais variados biscates, prostituição, mercado negro, enfim, gente presa num ciclo de escassez em que somente sexo, bebida e drogas possibilitam uma válvula de escape.

Como já foi assinalado muitas vezes, temos maior conhecimento dos personagens literários do que dos nossos familiares, porque a vida do personagem literário nos é revelada, seus pensamentos são expostos com maior ou menor explicitação de acordo com as intenções do autor. Esse controle que possibilita o ficcional também se espelha nas versões da vida do autor captadas por entrevistas, depoimentos, fotografias e outras formas de testemunho. Embora este sujeito autoral seja um produto da palavra e da imagem tanto quanto seu personagem, sua validação biográfica proporciona uma ilusão de vivência direta não mediada. Algo que nós, no nosso cotidiano amorfo tanto buscamos e almejamos.

Nos livros do ciclo de Havana, vemos o personagem Pedro Juan que possui quase a mesma idade cronológica do seu autor. Nós o encontramos pela primeira vez em *Trilogia suja de Havana* (1998), por volta dos quarenta e poucos anos, vivendo o auge da falência econômica de Cuba, após o desmonte da ajuda soviética. Este é um Pedro Juan cínico e sobrevivente. Revemos Pedro Juan em *Animal tropical* (2000) com 50 anos e, como seu autor, buscando saídas para seu impasse pessoal e econômico numa ida à Suécia onde se envolve com uma sueca, mas retorna saudoso, novamente, para Centro Havana e para o amor luxurioso da mulata Gloria. Um Pedro Juan mais fatigado, artístico e desencantado emerge nos contos *O insaciável homem-aranha* (2002) e novamente Pedro Juan desponta no livro *Carne de cachorro* (2003), numa versão mais contemplativa, amadurecida e, ao mesmo tempo, distanciada. O sexo continua obsessivo, mas paira uma ternura inusitada, há um esgotamento do tempo e uma nuance nos impasses de vidas sem saída. Finalmente, em *O ninho da serpente* (2005), último livro que completa as narrativas de Centro Havana, temos um Pedro Juan adolescente e jovem nos primeiros anos da revolução cubana, um Pedro Juan sendo iniciado sexualmente, envolto no entusiasmo das reformas revolucionárias, algo que dura pouquíssimo quando os ditames do sistema freiam seus anseios transgressores e libertários.

Como salientam os críticos do gênero autobiográfico, qualquer escrita sobre a experiência nunca é simultânea à própria vivência dela. Diversamente do retrato fotográfico que petrifica o instante, a escrita é sempre um esforço rememorativo, por mais breve que seja o intervalo entre o pensamento, o evento e a escrita. Sobretudo, a escrita autobiográfica revela que o "eu" é uma interpretação narrativa que rememora, seletivamente, os repertórios que compõem a experiência do viver. No ciclo de Havana, Gutiérrez busca, por meio da narrativa no presente e da compilação dos retratos do seu *alter ego*, reduzir a distância entre experiência e representação para colocar a literatura próxima do cotidiano, para criar uma ilusão de tempo compartilhado que não seja rememorativo porque o que enfatiza é o impacto do presente. Mesmo seu livro sobre sua adolescência é escrito no presente, como se fosse o próprio Pedro Juan adolescente que estivesse juntando os episódios, emoções e personagens de sua vida num tempo imediato. Assim, o realismo sujo com sua ênfase no corpo e nos limites dos personagens, a narrativa ficcional autobiográfica que enfoca o artista transgressor e a narração em tempo presente são os ingredientes que compõem uma tipologia específica da experiência. Mas qual é esta experiência. Como a ficção de um "eu" singular pode transmitir algo coletivo?

Havana suja e a experiência marginal

A visceralidade da prosa de Gutiérrez faz uso das circunstâncias específicas de Cuba envolta no impasse de uma revolução estagnada. Embora tenha feito um recorte muito particular de Cuba, pois somente menciona Havana e um setor determinado de Centro Havana, habitado por pessoas alheias ao sistema, a prosa de Gutiérrez explicita como cada uma daquelas vidas individuais transcorre numa cidade onde todos estão retidos na temporalidade definida pelo advento da revolução de 1959 e pela carência de perspectivas imediatas de um futuro diverso. A escrita torna-se um registro seletivo da cidade cuja diversidade de pessoas e invenções do cotidiano não apresenta, entretanto, a fragmentação, heterogeneidade e variedade das grandes metrópoles capitalistas. Isto não pressupõe que a prosa de Gutiérrez evoque algo parecido ao que Walter Benjamin designou como "experiência", já que para este pensador a "experiência" legítima somente poderia ser pautada pela tradição coletiva, mas indica que habitar Havana difere do habitar de outras cidades capitalistas porque nessa cidade há um repertório simbólico controlado que rege coletivamente a vida. Há, portanto, uma especificidade de ser cubano em

Havana, um inevitável pertencimento mesmo na faina diária do salve-se quem puder da sobrevivência. Mas esse emparedamento ocasionado pelas políticas do Estado também traduz impasses vivenciais que transcendem a situação cubana. Afinal, os leitores de Gutiérrez são estrangeiros, já que somente *Animal tropical* foi publicado em Cuba.

Os leitores de Gutiérrez estariam sujeitos ao que o filósofo italiano Giorgio Agamben chamaria de perda de experiência:

> A questão da experiência somente pode ser compreendida hoje em dia com o reconhecimento de que ela já não nos é acessível. Assim como o homem moderno foi desprovido de sua biografia, sua experiência igualmente foi expropriada [...] Hoje, entretanto, sabemos que a destruição da experiência não mais necessita uma catástrofe e que as ocorrências da vida diária em qualquer cidade já são suficientes. Pois o dia costumeiro do homem moderno não contém praticamente nada que possa ser traduzido em experiência.[13]

Na fragmentação da cotidianidade metropolitana, os indivíduos estão sujeitos aos embates do choque e não possuem vocabulários de reconhecimento. Se não há experiência sedimentada na tradição, tampouco parece haver possibilidades de experiências pautadas pela transcendência. Agamben, seguindo Benjamin, nos explicita como Baudelaire, o poeta do moderno, colocou o choque como sendo o cerne da sua perspectiva artística, pois

> É a experiência que melhor nos oferece proteção da surpresa e a produção do choque sempre implica uma fissura da experiência. Experimentar algo significa despojá-lo de sua novidade, neutralizando seu potencial de choque. Daí o fascínio de Baudelaire com as mercadorias e a maquiagem – o supremamente não experienciável.[14]

A cultura capitalista da modernidade com suas mercadorias, inovações técnicas, mediações midiáticas e circulação de informações e imaginários pareceria dinamitar um espaço em comum que sedimentaria a experiência pautada pela transcendência e a tradição.

Entretanto, se interpretamos a experiência não como a potencialização da tradição coletiva, mas como aquilo que nos produz a sensação intensa de "estar-no-mundo" podemos dizer que há, no confronto com o choque e na vivência das grandes cidades, uma proliferação de experiências. Estas experiências traduzem uma consciência de ser, estruturas de sentimento, formas de viver. Sobretudo, podemos argüir que a cultura da modernidade efêmera com sua ênfase na transformação, inovação e imaginários midiáticos propicia um caudal específico de experiências que são reconhecíveis como próprias da modernidade tardia. A proliferação de escritos do "eu" mencionada no princípio deste ensaio detalha essa busca pela significação cotidiana como forma de produção de sentido em que os registros contemporâneos do realismo atuaram como uma pedagogia de discernimento da nossa condição de estar no mundo. A importância da autenticidade, na óptica dos artistas engajados com os registros do realismo, seria oferecer imagens e narrativas que situassem os impasses e as contradições da vivência cotidiana, dotando-os não de um sentido coletivo ou transcendente, mas de uma subjetividade capaz de revelar nossa busca por significados num tempo profano, quando já não temos as utopias do futuro, nem retemos as sabedorias da tradição.

Daí que a prosa de Gutiérrez possua seu poder evocatório do real, porque ela descreve a experiência que nem é coletiva no sentido de Benjamin, nem é estritamente midiatizada. Em Havana, há um adensamento da experiência comum, porque não existem saídas individualistas consagradas, nem perspectivas imediatas de alteração do futuro.

Os suvenires petrificados da revolução, a retórica emperrada do líder Fidel Castro, os magníficos edifícios carcomidos, os automóveis americanos vetustos, os uniformes dos jovens pioneiros escolares, as lojas de abastecimento que distribuem a cesta básica racionada, o controle da imprensa e do ensino, os hotéis estatais de arquitetura glamorosa dos anos 1950, disfarçando o desgaste com remendos baratos, todos estes fatores fazem de Cuba uma espécie de "parque temático" do tempo retido na imobilidade de uma revolução estagnada. Os signos do contemporâneo são inscritos nas zonas de movimentação turística onde despontam os hotéis, lojas de shoppings, enfim, um mundo do consumo abastado, afastado da vivência cotidiana do cidadão cubano. Cuba retém poder mobilizador no imaginário mundial porque se encontra apartada do consumo e da tecnologia contemporânea, mediante sua estagnação como modelo socialista desgastado. Funciona como uma reserva de memória de como a "vida" se processaria fora dos ditames da sociedade de consumo massivo. Se no mundo democrático capitalista estamos saturados de imagens, narrativas e informações que não possibilitam uma totalização da realidade social, em Cuba, os suportes de construção simbólica da realidade são mais escassos, e, na vivência diária, as singularidades, repertórios culturais e opções de vida estão, necessariamente, encapsulados por uma espécie de experiência "coletiva", na medida em que todos estão sujeitos aos ditames do Estado, ao embargo americano e ao acesso limitado ao mundo fora da ilha socialista.

 A prosa autobiográfica ficcional de Gutiérrez narra este cotidiano do desmanche com uma escrita de fácil leitura em que os impasses da subjetividade não incidem numa indagação sobre como o sujeito é constituído na linguagem, como ele carece de fundamento ontológico ou como ele é uma construção simbólica. Aqui a subjetividade transita na espessa malha cultural contra a qual e na qual se constitui. Não há os chavões da denúncia ideológica, inexiste o sentimentalismo da redenção pessoal, mas tampouco impera o niilismo da incomunicabilidade. A caracterização de personagens e desse *alter ego* ficcional nem sempre escapa do reducionismo tipológico.

Mas o que dá o "efeito do real" dessa prosa é que, sem problematizar seu estatuto de ficção, resta o espaço libertário da palavra literária e o uso do realismo sujo como vitalismo existencial de uma cultura da pujança sensorial.

O snapshot *como instantâneo da vida*

Algo desse vitalismo existencial também permeia a prática fotográfica de Nan Goldin. Mas a temporalidade do ato fotográfico e sua relação com a representação da experiência são outras. Enquanto o realismo literário de Gutiérrez enfatiza o presente para produzir a ilusão ficcional da vivência imediata, Goldin, como todo fotógrafo, faz uso do instantâneo fotográfico que aprisiona o presente para transformá-lo num passado que será contemplado no futuro. Nan explicita sua "prática do retrato" em entrevista publicada no livro *I'll be Your Mirror* afirmando:

> É sobre tentar sentir o que a outra pessoa está sentindo. Há uma parede de vidro entre as pessoas e eu quero quebrá-la. Um dos equívocos sobre meu trabalho é o de que tenho relações com as pessoas porque elas são sujeitos fotográficos espetaculares. Mas a necessidade emocional vem primeiro e depois vêm as fotos.

Adiante explicita,

> Meu trabalho advém do *snapshot*. É a forma de fotografia que é mais definida pelo amor. As pessoas as tiram por amor e as tiram para lembrar-se de pessoas, lugares e momentos. São sobre criar uma história ao gravar uma história. E é isso exatamente o que é o meu trabalho.[15]

No restante da entrevista, Goldin afirma que, quando jovem, começou a escrever diários como uma maneira de reter sua própria versão das coisas. Depois veio a experiência fotográfica que era uma forma de "me manter viva, me manter sã e centrada. Era sobre confiar na minha própria experiência".¹⁶ Isto porque, segundo Goldin, ela não fotografa com distanciamento: "O que estou interessada é em captar a vida enquanto está sendo vivida e o sabor e o cheiro dela e manter isso nas fotos."¹⁷ Daí que não se limite a tirar somente um retrato específico das pessoas, mas, muitas vezes, documenta-as ao longo do tempo, para que a multiplicidade dos retratos também dêem conta da passagem temporal de uma vivência.

As lentes de Goldin quase sempre captam imagens de seus amigos, familiares, amantes e de si mesma. Fortemente influenciada pelo cinema, muitas das imagens de Nan parecem sugerir um seqüenciamento fílmico, instigando o espectador a que dê margem a invenções narrativas. Já em outras, há a pausa condensada própria do retrato fotográfico, que por si só destila uma perspectiva sobre o conflito emotivo do retratado ou a condição-limite em que se encontra. Seja em preto e branco ou em imagens de cores fortes, tiradas sob a luz artificial de hotéis, bares e apartamentos, as fotografias de Goldin fogem da composição modernista, não possuem, deliberadamente, um rigor formal. O nível de engajamento íntimo entre a fotógrafa e os retratados e o teor das imagens que incidem quase sempre sobre personagens da boemia artística, figuras da cultura *underground*, personagens do mundo das *drag queens*, e jovens *punk rock* compõem um painel diverso do álbum rememorativo usual. De fato, Nan Goldin fotografa sua "tribo" e a si mesma ao longo dos anos. Nas entrevistas que compõem o livro citado, Goldin explicita que "I was documenting my life".¹⁸

Entretanto, como ela documenta sua vida? Quais são os registros disponibilizados para tanto? Sobre si mesma, Nan esclarece:

> Eu estruturo meu trabalho por meio destas encruzilhadas na minha vida. Têm havido pontos de ruptura que são como cortes. Depois de ter sido espancada, eu pensava em tudo como um antes e depois daquilo. E então, eu fui para a clínica e fiquei sóbria em 1988. Eu definia minha vida inteira

por isso, como A.C e D.C, e praticamente não podia me lembrar de nada que me havia acontecido antes. Nesse momento, o passado era escuridão, e então eu estava na plena luz. Somente nos últimos anos que eu pude conectar essas duas partes de mim mesma.[19]

Embora estivessem documentando experiências díspares, culturas diferentes, pessoas singulares e a despeito do contraste entre o auto-retrato literário ficcional, elaborado por Gutiérrez, e a fotografia autobiográfica de Goldin, há um elemento em comum entre ambos que identificaria este elemento como o intuito de colocar a arte ficcional literária ou fotográfica a serviço de uma captação da experiência pessoal e cultural, permeada pelo subjetivismo autobiográfico, em viés realista centrado no mundo da "marginalização". Este subjetivismo autobiográfico, por sua vez, se atém a estéticas específicas de representação.

Em Goldin, essa retórica da representação se condensa em algumas opções estéticas e temáticas que permeiam seu trabalho ao longo dos anos. Destaco quatro formas de olhar: a opção por uma temporalidade dividida entre o instantâneo do *snapshot* e a longa duração do documentário; a transformação do ato fotográfico em um registro de memória voluntária; a revelação da intimidade como sendo encenada e espontânea; a retratação de situações-limite de uma certa boemia em desaparição.

O uso da imagem no estilo espontâneo e despojado do *snapshot* não apenas remete ao álbum afetivo, mas também enfatiza a equivalência entre viver e fotografar, sublinha o registro da vida-sendo-vivida e da vida-como-imagem. Enquanto o senso comum sobre a fotografia sugere que qualquer imagem fotografada pressupõe um voyeurismo que distancia o fotógrafo da vivência direta, Nan quer enfatizar que as gerações de pessoas que cresceram no meio midiático já não tecem a separação entre vivência e representação mediada. Mas a conclusão a que ela chega sobre a experiência mediada é diametralmente oposta àquela usualmente sustentada pelos críticos da indústria cultural. Goldin quer sublinhar que não se trata de casulos espelhados, tais como entrevistos nos *reality shows* como *Big Brother* onde as pessoas vivem em âmbitos programados, onde as agruras e detalhes da intimidade são flagrados e encenados para efeito da imagem. Nem seus retratos são sobre indivíduos encapsulados na sua singularidade estranha, refletindo a grande alienação da sociedade midiática, um assunto tão presente nas fotografias de tantos modernistas, tais como Weegee e Arbus. Nan insiste na equivalência entre o viver e o fotografar, o viver e o escrever, o sentir e se ver como imagem. Como se a representação não fosse um meio de distanciamento, mas aquilo que possibilitaria uma comunhão de sentimentos, aquilo que disponibilizaria, para outros olhares, uma experiência tangível e palpável. Mas para que seja assim, os retratados e a própria fotógrafa absorvem a experiência fotográfica como parte constitutiva da criação de um *self* multifacetado que tanto é encenado quanto é flagrado. Neste sentido, as pessoas podem posar, podem criar ficções, podem aparecer de formas contraditórias, mas a pátina da autenticidade se dá por meio do pacto fotográfico entre os retratados e a fotógrafa. São membros de uma mesma tribo, são participantes de uma mesma cultura, são semblantes que têm em comum um repertório de subjetivação. Há, portanto, uma busca deliberada pela experiência vivida que a máquina fotográfica registra não como se fosse um componente neutro, mas como se fosse um espelho mágico que potencializasse a experiência de "se ver vivendo". Uma combinação singular de espontaneidade deliberada com *expertise* artística.

A fotografia como memória voluntária

Escolher fotografar a amiga amada Cookie como cadáver, tirar o retrato de Max, filho de Cookie, no funeral da própria mãe, fotografar a amiga Suzanne com o rosto empapado de lágrimas, fotografar a si mesma na cama beijando o amante Brian, tirar seu auto-retrato diante do espelho, depois de ter sido esmurrada por Brian, todos estes instantes e gestos fotográficos implicam a encenação de uma memória voluntária. A arte de Goldin consiste, justamente, em registrar, de forma não sensacionalista imagens de um cotidiano por vezes inesperado, usual, extremo, mas nunca banal. Mesmo em imagens que beiram a obviedade do *snapshot* corriqueiro, as de Nan fogem do banal, porque enfatizam a experiência única. Foram selecionadas e, por isso, devem significar. Esse constante clicar da máquina que acompanha a fotógrafa é o oposto da memória involuntária tão central à poética do passado dos escritores como Proust e ao resgate do trauma inconsciente na terapia freudiana. Na memória involuntária que ilumina o relato literário, o passado emerge subitamente, ele desponta num instante revelatório atiçado por algum objeto, pessoa ou evento que traz à tona um pretérito esquecido. A experiência da memória involuntária para Proust era o instante epifânico, porque nele passado e presente se fundiam numa totalidade de revelação vivida e lembrada. A escrita rememorativa seria esta fina rede de recordações que dispensa a descrição verossímil do presente para fazer emergir o palimpsesto do passado. Na narrativa do inconsciente freudiano, a mente resguarda, no sótão da memória, as quimeras, traumas e choques que desestabilizam a manutenção do "eu" cotidiano. Entretanto, estes medos sepultos afloram inesperadamente, dando margem a comportamentos desestabilizadores. A terapia realiza-se na purgação narrativa dos sonhos, traumas e medos desse inconsciente obscuro que é progressivamente revelado e domesticado. O ato fotográfico de Goldin apresenta outra temporalidade e outra lógica de visibilidade. Todo ato fotográfico de Goldin pressupõe tanto a consciência de "ser enquanto está sendo filmado" quanto sua naturalização. Somos midiáticos e autênticos, é sua aposta. Esta configuração do passado como *snapshot* que sobrevive quer enfatizar nem tanto a vida oculta na interioridade de um "eu" reprimido por convenções ou traumas, não diz respeito ao diário secreto, ao inconsciente oculto, aos devaneios de sonhos, mas reflete a ação de estar-no-mundo, colocando em cena algo que é o *salvar-se pela imagem*. Como as pegadas de criaturas perecíveis e, no entanto, tangíveis na sua unicidade, suas fotografias preservam o cotidiano bizarro naturalizado. Seu gesto fotográfico não é heróico no sentido de uma Diane Arbus que peregrina nas beiradas irredentas de um mundo americano em falência. Aqui os *losers* do sistema são *stars* que vão atingir uma celebridade fugaz, mas, mesmo como *stars*, não exibem a superficialidade das celebridades *mainstream*, porque são pessoas que arriscam suas existências na própria transgressão que as constitui. Sobretudo nos retratos de amigos cujas vidas foram devastadas pela epidemia da Aids, a fotografia torna-se um memorial de afeto que não coloca os amigos moribundos nem como heróis, nem como vítimas, nem como figurantes de uma tragédia. O que se busca aqui é alargar ao máximo as possibilidades do afeto, mesmo diante de situações irremediáveis e essencialmente solitárias, como é a experiência da própria morte. Ver os agonizantes, fotografar a transformação física das pessoas no desgaste provocado pelo tempo, registrar os sinais de violência sobre o próprio corpo são maneiras de driblar o choque que quebraria a representação e, ao mesmo tempo, são uma confrontação com um repertório seletivo que se destaca da temporalidade morta pelo esquecimento. A significação do álbum de Goldin é uma aposta exibicionista do afeto. Não se trata propriamente do retrato de uma geração de contracultura porque esta já havia se sedimentado antes. Se há alguma mensagem política nesta exibição da intimidade dos amigos aos olhos do grande público, esta mensagem é sobre a "beleza" do pertencimento fora dos padrões classe média e além das noções demarcadas de gênero, raça e família.

Intimidade encenada e flagrada

Ao comentar os auto-retratos que revelam suas feições machucadas após a surra do amante, Goldin explicita que fora espancada porque o amante lera seus diários íntimos. A fotografia constitui-se como seu diário público, já o diário escrito seria o registro daquilo que não pode ser abalizado pelo olho alheio, é um confessionário purgativo. Entretanto, qual seria a diferença, em termos de exposição pessoal, entre mostrar seu rosto desfeito sob murros, cenas explícitas de sexo, drogas e bebedeiras e o registro escrito? A primeira diferença é prosaica e reside no ato consensual de deixar-se fotografar e de ser exposto, o que pressupõe a autorização do uso da imagem por parte do fotografado. A segunda depende da opacidade da imagem e da interpretação da escrita. Há um intervalo explicativo entre aquilo que é visto e aquilo que é interpretado. O rosto de Nan desfeito sugere o desfecho de uma ação ou evento, mas não detalha a repercussão disso no fórum íntimo, as agruras de raiva, ressentimento, ambivalência, impotência e amor-ódio. Os retratos de Brian ao telefone, exibindo sorriso com dentes irregulares e enegrecidos, a foto de Brian na cama com cigarro e cara de gângster, a foto do casal Nan-Brian em tons dourados, ele, distante, sentado na cama fumando um cigarro, e Nan deitada, olhando-o de soslaio e com apreensão, mesmo estes retratos carregados de tinta emotiva não interpretam a subjetividade encenada como um registro de desabafo escrito. De forma semelhante, os escritores de ficção ou de relatos jornalísticos que se apropriam de pessoas reais para compor seus personagens detêm maior poder de vampirização, porque deliberam o que está por detrás das aparências, negociam a revelação do invisível pela palavra escrita, penetram no meandro dos pensamentos não explicitados. O flagrante fotográfico pressupõe outra espécie de apropriação. Algo que diz respeito à tangibilidade daquilo está em pauta.

Diante do sofrimento alheio, o fotógrafo pode ser acusado de voyeurismo utilitário, pode ser repudiado por tirar a foto, em vez de auxiliar a vítima. O que se capta, no entanto, não é a totalização ficcional de uma pessoa, mas a evidência emocional e material do seu corpo no mundo. Esta evidência pode revelar ou não as dobras da interioridade, a alma do retratado. Este realismo fotográfico que traz à tona o "retorno do morto" na imagem retida do pretérito também organiza o relato do que pode ser dito. Mas, nas imagens de Nan, a despeito de alguns retratos revelatórios, há, muitas vezes, a presença de uma intimidade sem interioridade.

Boemia devastada

Assim como na prosa de Gutiérrez, o realismo estético de Goldin é de fácil apreensão. Não há estranhamento vanguardista, imagens oníricas provindas de justaposições imaginativas, nem experiências com formas multimídia que desestabilizam a natureza analógica do ato fotográfico. Nan fotografa para imprimir seu registro de experiência no mundo que deve ser calcado, o máximo possível, naquilo que é encenado para e diante dos seus olhos e que ela escolhe como objeto e sujeito fotográfico. As *drag queens* fotografadas em branco e preto nos primeiros anos de sua atividade fotográfica em Boston, nos anos 1970, até as fotografias dos amigos convalescentes de Aids flagrados no final dos anos 1980 são um painel de um viés específico de boemia transgressora. Não é uma vanguarda intelectualizada e experimentalista no sentido das vanguardas históricas dos princípios do século XX, não são retratos "antropológicos" da alteridade etnográfica, não são, tampouco, imagens da contracultura usual, enquanto "retrato de uma geração". Em Gutiérrez, o lúmpen de Havana e a vivência na escassez, prostituição e biscates são simplesmente a saída daqueles que estão fora do sistema. Não há, propriamente, uma escolha deliberativa por um "estilo de vida", mas vidas que se perfilam dentro de repertórios limitados de possibilidades culturais e econômicas. Não são gente autoconsciente de sua excepcionalidade, até mesmo porque não se categorizam como excepcionais, nem como individualidades exacerbadas. Já a tribo de Nan configura-se de outra forma, porque nela indivíduos extraídos do âmbito americano tecem uma aposta numa automodelação fora dos padrões da família, religião e moralidade que caracterizam um certo legado do puritanismo americano e do grande aparato do sistema de recompensas do *american way of life*. Evidentemente, esta individualidade também se coaduna em estilos de vida que depois se tornaram parte de nichos de consumo específicos no vasto mercado que tudo absorve. Portanto, é uma boemia que não tem a contundência da rebeldia política das vanguardas anteriores, mas que tangencia o sistema entre o confronto e a absorção.

Para que esta boemia exista, faz-se necessário um espaço urbano libertário e cosmopolita tal como é e foi Nova York. Se há, na comunidade de Nan, conforme explicitado nos seus escritos, nas narrativas da Cookie Mueller e nos depoimentos de amigos, um viés fortemente romântico que enfatiza o libertário, o transgressor e as emoções, este legado romântico, que também potencializa a figura do artista jovem e criativo, dialoga com a museificação de suas próprias transgressões nos circuitos alternativos da cidade. Quando Nan exibe seus *slides* do *Ballad of Sexual Dependency* (1986) no início dos anos 1980, no bar do Tin Pan Alley, a cidade de Nova York apresentava, todavia, alguns espaços de boemia ainda intocados pela especulação imobiliária. Times Square era um cenário de néons apocalípticos iluminando lixo urbano, o Bowery e o Lower East Side eram áreas de precariedade urbana, sujas, baratas, dilapidadas. Algo diverso da Nova York dos anos 1990 em que estes espaços da boemia alternativa e drogada se converteram em zonas de alto valor imobiliário, recheadas de galerias, lojas, restaurantes, bares, boates. A vida "alternativa" da tribo de

Nan marcada, sobretudo, pela metamorfose sexual da indefinição de gêneros e pelo consumo de drogas, se canonizou em nichos de consumo específicos onde o que era a transgressão tornou-se um filão de comportamento avaliado pelo preço do ingresso. Se nos anos 1980, o gesto vanguardista experimentalista formal, como aquele ensaiado pelas vanguardas históricas das primeiras décadas do século XX, havia-se petrificado em cânone, nos anos 1990 a transgressão *underground* também já havia percorrido seu caminho. As próprias fotografias de Nan adquiriram valor e imensa notoriedade. Seus *snapshots* são agora clássicos da balada da sobrevivência libertária em tempos de controle; são imagens do profano antes de converter-se em mercadoria, retratos autobiográficos de um realismo sem sublimação.

As escritas e imagens do "eu" neste início do século XXI posicionam-se nesta teia de mediações em que a democratização dos desejos e direitos de expressão dos anônimos corre paralela ao desejo de destacar-se da massa amorfa expressa pelo culto das celebridades; a validade da experiência é filtrada pela ficcionalização da mesma; a maestria artística é, muitas vezes, negligenciada em prol de instantâneos de empatia que envelhecem após sua encenação. Nesse *boom* de autorias, as imagens de Goldin e a prosa de Gutiérrez conseguem validar a subjetividade da experiência, porque possuem a intensidade artística que supera o meramente confessional, a tagarelice do personalismo e a banalidade da auto-expressão narcisista. Realizam isto porque apostam na arte como um ofício de constante aprendizagem que potencializa, mesmo nos códigos do realismo, a alquimia da transmutação da vivência em imagem-prosa que supera particularidades efêmeras para fundir-se numa estética de visão de mundo.

6. Bonecas hiper-reais: o fetiche do desejo

Eu sei, eu sei que era necessário ter coisas deste tipo, coisas que em tudo cediam. A relação amorosa mais simples estava além da nossa compreensão, não poderíamos ter vivido e ter tido negociações com uma pessoa que era algo; no limite, poderíamos ter entrado nessa pessoa e ter-nos perdido nela. Com a boneca éramos obrigados a nos afirmar, pois caso tivéssemos cedido a ela, não teríamos encontrado pessoa alguma [...] era tão abissalmente desprovida de fantasia que nossa imaginação tornou-se infatigável ao lidar com ela (Rainer Maria Rilke).[1]

[...] prefere a imagem à coisa, a cópia ao original, a representação à realidade, a aparência ao ser (Feuerbach, 1843).

Barbies como Belas Adormecidas empilhadas em caixas-tumbas de plástico; manequins espectrais nas vitrines noturnas; galerias de figuras de cera em gestos petrificados; bonecas hiper-reais cintilando nas telas dos computadores. Enquanto artefatos materiais, invenções artísticas ou objetos de desejo, as bonecas são figuras vazias que recheamos com nossas fantasias, mas feitas de porcelana, cera, plástico, madeira, pano ou metal, possuem presença tangível no mundo. Desprovida de consciência, a boneca em tudo cede, já que ela é um joguete nas nossas mãos e uma fantasia nas nossas mentes. No entanto, ao representar a figura feminina, ela também atiça projeções imaginativas que preenchem o vazio de sua não-pessoa. Daí o invólucro do insólito que a ilumina como um halo surreal. Nos seus olhos falsos, que não espelham nossa mirada, temos o estranhamento da duplicação que nos remete à fronteira tênue entre vida e morte. Como objetos

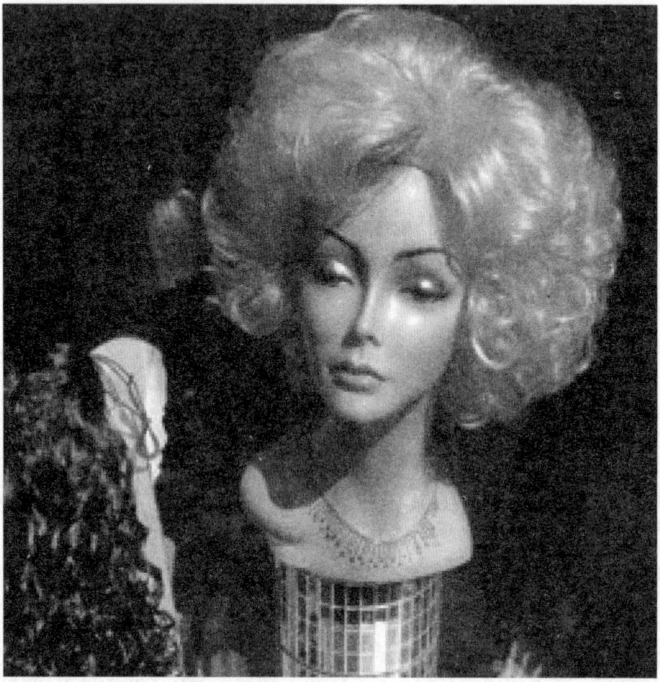

inorgânicos, as bonecas podem ser manipuladas, alteradas, destruídas, embelezadas, mas elas não morrem. Entretanto, nos seus corpos petrificados, na sua duplicação da figura humana, sugerem o repouso dos cadáveres. Ao mesmo tempo, as feições pintadas, os cabelos a serem penteados, o corpo a ser vestido induzem a ações, brincadeiras e jogos de imaginação que imitam a vida real. Quanto mais realista a boneca, mais o estranhamento de sua figura torna-se poderoso. Levado ao extremo, o fascínio pela boneca consagra o fetiche. Nas bonecas que representam mulheres sedutoras, este fetiche é carregado de erotismo e desvenda um deslocamento do desejo.

Embora o fascínio pela boneca tenha uma longa história cultural, quero explorar uma vertente específica deste imaginário que enfatiza a boneca como objeto de projeções eróticas. A boneca erotizada revela o fetiche do desejo. Este fetiche do desejo, por sua vez, espelha uma condição particularmente moderna na medida em que ele traduz uma "estrutura de sentimento" e um teor de experiência marcados pelo apelo visual, pela sedução consumista, pela projeção de um erotismo espelhado sobre si na subjetividade fantasiosa em torno de um objeto. O fetiche desponta como fruto do desejo deslocado na zona tênue entre o real e o ficcional num mundo de indivíduos cujos espaços vivenciais estão abarrotados de objetos de consumo e imaginários midiáticos. A interação com a boneca dos desejos dá-se, portanto, no marco da experiência da modernidade desencantada e atua como uma prática encantatória. O desejo fetichista põe em xeque a vivência do real pela duplicação hiper-real da figura feminina na boneca. Em outras palavras, o fetiche adquire dimensões que fazem com que a boneca seja vivenciada como algo hiper-real que pode vir ou não a substituir o contato direto com as mulheres orgânicas.

Nas páginas a seguir, pretendo explorar o fetiche da boneca em três níveis distintos, embora intimamente relacionados: a boneca como objeto de representação artística na imagem (fotográfica, cinematográfica e virtual) e na narrativa literária; a boneca como mercadoria e objeto material; e, finalmente, a boneca não no seu sentido literal de objeto material, mas na sua conotação metafórica, enquanto emblema de modelos de beleza e sedução feminina que permeia o mundo da moda, a modelação de corpos e a vendagem publicitária e consumista. Em todos estes níveis, o conceito de fetiche emerge como algo que propicia uma tipologia particular de experiência.

Estas considerações têm um caráter eminentemente ensaístico e não almejam delinear uma história cultural da boneca, tampouco pretendem esmiuçar comparativamente a representação da mesma nos diferentes registros artísticos do romantismo, realismo, modernismo e vanguardas. Tais abordagens merecem um estudo avantajado que ultrapassa as intenções deste ensaio. Em vez deste percurso tão amplo, o que busco aqui é lançar um olhar seletivo sobre as representações deste fetiche, com o intuito de interpretar uma faceta da experiência moderna em que o fascínio por objetos, imagens e representações solapa o próprio sentido do real. Por intermédio da figura da boneca, procuro indagar como a imaginação cultural, nas suas vertentes artísticas, publicitárias e subjetivas, traduz um tipo particular de experiência que incide sobre a figura do feminino como encarnação hiper-real fabricada sob o olhar masculino e feminino. No olhar masculino heterossexual, há o desejo erótico de posse, projetado sobre a boneca fetiche; já o olhar feminino envolve a boneca na própria automodelação corporal e subjetiva da mulher.

Finalmente, argumentaria que, se o imaginário em torno da boneca, como figura sedutora feminina, tem um vasto repertório que abarca desde os contos fantásticos de Hoffman, nos princípios do século XIX, até narrativas sobre as belezas digitais que cintilam nas telas virtuais, a presença da boneca enquanto idealização de beleza feminina adquiriu um impacto mais pronunciado na contemporaneidade, devido ao acentuado culto ao corpo. Culto que é fabricado pelo poder da imagem e pela vendagem da beleza das *top models*, as manequins mulheres, as bonecas animadas da moda efêmera. Nas considerações sobre a boneca enquanto representação artística e material, faço uso de um repertório seletivo de artistas e escritores latino-americanos e europeus. Já na análise da boneca enquanto produto de automodelação feminina e midiática, centro meu olhar sobre o caso particular brasileiro e o *boom* nacional do culto ao corpo, da vendagem da juventude, da idealização da ninfeta loura, representado, no final dos anos de 1980, pela imagem da fada madrinha Xuxa e seu séqüito de adolescentes louras.

Nas suas diferentes modalidades, a boneca, como qualquer objeto material, também se modificou de acordo com as novas técnicas de produção de mercadorias no mundo capitalista. A transformação material da boneca que culmina nas belezas digitais enseja, dentro dos temas da representação artística, duas vertentes indagativas: a boneca enquanto artefato técnico e a boneca enquanto brinquedo erótico. A primeira diz respeito à reduplicação de figuras humanas pela tecnologia e o conseqüente esmorecimento de fronteiras entre o orgânico e o artificial. Esta quebra de fronteiras instala uma zona de ambigüidade discursiva, pois, se a perda da singularidade humana desperta ansiedade, o aperfeiçoamento da técnica incita a celebração de novas possibilidades de criação de figuras ideais. O segundo recorte temático não enfatiza o invento tecnológico no sentido da criação artificial de seres, mas incide sobre o impacto visual hiper-real e sensorial da boneca que desperta desejos e oferece formas de vivência vicária com o objeto. Se no recorte técnico há a possibilidade da indefinição entre o humano e a boneca-artificial, no segundo, a passividade da própria boneca hiper-real torna-se um atrativo, porque ela possibilita projeções fantasiosas compensatórias que contrastam com as frustrações "realistas" do cotidiano. Musas do fetiche, as bonecas proliferam pelo domínio da imagem. Nas heroínas digitais, as bonecas cibernéticas tornam-se divas do mundo-imagem, são fantasias dotadas de visualidade hiper-real, são sereias cibernéticas que nos remetem ao voyeurismo das projeções.

Nos filmes e narrativas que enfatizavam o "choque do real", havia uma demanda por uma estética realista capaz de produzir o "efeito do real" que atendia a uma expectativa por uma experiência contundente. Buscava-se quebrar a saturação das imagens enfatizando outras imagens portadoras do choque que deflagrariam a intensificação catártica e a denúncia social. Já nos domínios do hiper-real cibernético, o encantamento surge do poder de evocação da imagem que faz com que as cores do mundo real empalideçam. Enquanto representação do feminino, a figura da boneca não obedece, necessariamente, aos ditames do hiper-real. Afinal, existem bonecas fantasiosas de todo tipo que não nos remetem aos modelos realistas de verossimilhança. Entretanto, o impacto da duplicação da imagem, seja pela presença material da estátua, do manequim de loja, da boneca de cera, da boneca de plástico, seja pela imagem fotográfica ou digitalizada, nos evoca o espanto do simulacro infiltrado na realidade. A boneca desperta as interações fantasiosas da imaginação justamente porque ela possui o estranhamento da duplicação da imagem ou da figura. O que está em pauta é um jogo lúdico da imaginação e do desejo que pode ser atiçado tanto por uma mera boneca de plástico, quanto por um robô-feminino. Evidentemente, a tecnologia e a fantasia do andróide ou da mulher-robô instalam uma ordem de hiper-realidade em que as linhas demarcatórias entre o humano e a máquina encontram-se praticamente borradas. Quanto mais sofisticada e complexa for a tecnologia utilizada para a montagem da boneca, mais ela despertará o efeito do hiper-real. O fator tecnológico atua, sobretudo, na erosão entre o humano e a máquina, modificando a natureza da nossa experiência e introduzindo novos repertórios aos vocabulários do erótico e do amoroso. Neste sentido, o percurso tecnológico traça a longa trajetória do desejo mimético de transformar a matéria inerte em vida. Algo que remonta aos relatos míticos do escultor Pigmaleão esculpindo sua estátua da mulher ideal, Galatéia, aos contos de fadas em que as bonecas se tornam pessoas, aos relatos literários sobre a mulher autômata, às bonecas erotizadas de *sex shops* e, finalmente, aos jogos eletrônicos povoados de mulheres-simulacro. Tais imaginários acoplam-se também aos meios midiáticos e publicitários nos quais legiões de fãs são mesmerizadas pelas divas do cinema e da televisão reduplicadas em imagens fotográficas, em anúncios de *pinups* sedutoras, nas imagens de manequins da moda. Desembocam, finalmente, na incorporação dessas imagens na própria construção do corpo. As pessoas submetem-se às cirurgias plásticas para se transformarem nas Barbies e Galatéias dos ideais de beleza contemporâneos. As meninas pintam o cabelo de louro e compram os acessórios da Xuxa na tentativa de corporificar o ideal midiático veiculado na telinha.

O fetiche da boneca, portanto, encontra-se numa encruzilhada entre a reificação sedutora das mercadorias, o estranhamento do insólito, a mediação da imagem mimética e a promessa da experiência encantatória.

O fetiche da boneca e a experiência por meio da imagem

No seu estudo *A cultura material no mundo social*, Tim Dant evoca as origens da palavra fetiche e explicita:

> O sentido moderno do fetiche e do fetichismo originou-se, segundo consenso, no trabalho de Charles de Brosses que, escrevendo em 1760, usou o termo para descrever as práticas religiosas da adoração dos objetos. De Brosses cunhou o termo para referir-se à adoração de objetos inanimados como deuses.[2]

Já Valerie Steele no seu livro, *Fetiche, sexo e poder,* esclarece que "A palavra *fetiche* tem um duplo significado, denotando um encanto mágico e também "uma *fabricação*, um artefato, um trabalho de aparências e sinais".[3]

Na sua contextualização histórica, Steele sugere: "No início do século XIX, o termo fetiche tinha se estendido para se referir a qualquer coisa que fosse 'irracionalmente adorada'." Discrepando de Dant, Steele estipula que "Alfred Binet foi o primeiro a usar a palavra fetichismo em algo parecido com o sentido psicológico moderno em seu ensaio 'Lê fetichisme dans l'amour', publicado na *Revue Philosophique* em 1887".[4]

Qual seria a versão moderna da palavra fetiche? Embora possam existir algumas variações sobre o início histórico do termo fetiche, há um consenso acadêmico que situa este conceito em duas vertentes básicas. Por um lado, o fetiche está associado à interpretação psicanalítica, notadamente, a análise de Freud que compreende o fetiche como resultante de uma ansiedade de castração propiciada pela visão do sexo feminino. Segundo as palavras de Steele, "De acordo com Freud, a única maneira pela qual o fetichista adulto pode superar sua 'aversão aos verdadeiros genitais femininos' é dotando mulheres de características que fazem delas objetos sexuais toleráveis". O objeto de fetiche funcionaria como "uma prova de triunfo sobre a ameaça de castração e uma proteção contra ela".[5] A outra associação possível com a palavra fetiche é dada pela óptica de Marx que situa o fetichismo como o encantamento com mercadorias e objetos em que estes são dotados de significados imanentes que obscurecem o trabalho histórico espoliativo que fora acionado para sua fabricação. Em ambas as versões, há o deslocamento do desejo e uma forte ênfase na visualidade como provocadora do fetiche.

Conforme os estudos de Martin Jay, Jonathan Crary e outros, a modernidade sedimentou o domínio da visualidade sobre os demais sentidos.[6] Tal predomínio da visão e o status outorgado à representação mimética incrementaram-se desde a aparição da tipografia de Gutenberg até a invenção tecnológica de máquinas de visualidade, tais como a câmera fotográfica, a câmera cinematográfica, a televisão e, finalmente, os recursos das imagens virtuais e digitalizadas. De fato, a modernidade dos séculos XIX e XX atesta uma reprodução ímpar de imagens sacras e profanas, postas a serviço de uma variedade de discursos, ideologias e vendagens de mercado.

O desejo fetichista nessas representações culturais não está necessariamente atrelado aos temores da castração no sentido freudiano. E, embora ele tenha o teor da reificação entrevista na crítica marxista, o que me parece relevante sublinhar é que o fetiche remete, inicialmente, a uma visualidade vicária que permeia uma forma específica de experiência subjetiva. A boneca torna-se um ambíguo sujeito-objeto de fantasias lúdicas, eróticas e mágicas.

A par da banalização, do tédio do *déjà vu* e da saturação provocada pela reprodução incessante de imagens, a cultura de consumo e as artes da publicidade também introduzem o encantamento da fantasia e da imaginação. Embora produzido por estratégias de mercado regidas pela racionalidade instrumental do lucro, tal encantamento também projeta uma luz onírica nas coisas e fabrica o fetiche do desejo. Ao comentar o fascínio de Walter Benjamin pelos poderes da mimese, Michael Taussig sugere:

> Como eu o interpreto [...] a parte mais arrebatadora da análise de Benjamin sobre as máquinas miméticas modernas, particularmente em relação aos poderes miméticos que são buscados na imagem publicitária, é sua visão de que é precisamente a propriedade de tais máquinas de brincar e até mesmo restabelecer este sentido apagado da particularidade do contato-sensual que anima o fetiche. Esse jogo restaurador transforma aquilo que ele designou como "aura" (que aqui identifico com o fetiche da mercadoria) para criar um sentido bem diferente do maravilhoso.[7]

Em Benjamin, a reificação das mercadorias de fato encobre seu processo de produção, mas há algo mais nesta apreensão do objeto. Este algo mais diz respeito aos sonhos, fantasias e desejos que a visão de tais objetos desencadeia. Não se trata apenas de fazer o desmonte ideológico, mas de entender que estes objetos nos falam de desejos e de experiências de felicidade. Daí, a importância que Benjamin irá outorgar aos objetos de consumo caducos, às passagens de Paris que, tal qual uma Pompéia petrificada dos objetos de consumo do passado, nos revelam os sonhos de realização de épocas pretéritas e nos auxiliam a enxergar nossas próprias fantasias do presente.

Por meio da montagem, tanto Benjamin como os surrealistas irão apostar na reconfiguração da imagem publicitária, deslocando-a do seu intuito de vendagem para revelar uma paisagem do insólito. Neste olhar sobre os objetos de consumo, os manequins despontam como objetos privilegiados de estranhamento. As fotografias de Atget, tão apreciadas pelos surrealistas, revelam vitrines povoadas de manequins da moda, bonecos sorridentes, dentaduras suspensas no vazio, fileiras de olhos de vidro e pirâmides de perucas descabeçadas. Na sua duplicação da figura humana, o manequim surge como algo incongruente e misterioso. Seja como manequim da moda exibindo as roupas do momento, seja enquanto figura de cera realista ou imagem hiper-real, a boneca cria aquela zona ambígua de justaposição entre o animado e o inanimado. Entretanto, conforme nos sugere Taussig, a força mimética de um objeto como a boneca vai além da visualidade. Ela não é apenas uma visão fotográfica, embora também possa ser isto, mas a presença do "estranho", aquilo que Freud denominou como sendo o *unheimlich*, o retorno do recalcado que ficou apagado e que surge evocando lembranças reprimidas, um fetiche de desejo deslocado que ganha força na sua aparência mimética.[8]

Na sua versão secularizada, a adoração das imagens remete ao desejo de reencantamento do mundo dotando objetos de significados, como se estes fossem propriedades imanentes, em vez de projeções subjetivas ou deslocamentos culturais simbólicos efetuados pelo adorador. O objeto é alçado à condição de sujeito e é visto como portador de encantamentos. A crítica de Marx e Freud apresentam este ponto em comum. Em ambos, a aparência do objeto substitui uma relação real com o mundo material. Na valorização do objeto, os seres humanos tornam-se mais objetificados e os objetos mais humanizados.

No percurso literário e imagético sobre o fetiche da boneca, o que ressalta é justamente o caráter obsessivo e encantatório da imagem da boneca erotizada. Nos contos fantásticos de Hoffman (1776-1822), na ficção científica precursora de Villiers de L'Isle Adam (1866), nos relatos surrealistas, no filme *Metropolis*, de Fritz Lang (1926), ou na imagética hiper-real contemporânea, a aparição da boneca no imaginário artístico geralmente prefigura a situação-limite de um intenso desejo erótico ou amoroso que é desviante e desestabilizador. Trate-se, neste sentido, do fetiche do feminino que substitui a própria figura de mulheres reais. Em algumas narrativas e imagens, as bonecas são simulacros hiper-reais que usurpam a aparição corriqueira de mulheres orgânicas. Em outros, suas propriedades artificiais lançam o fascínio do objeto animado.

Os imaginários do romantismo, da literatura fantástica e do surrealismo terão uma especial atração pela figura da boneca. A boneca enquanto robô, andróide, beleza digital ou cyborg é parte essencial do filão da literatura e da filmografia de ficção científica. Já a boneca material de cera, plástico, silicone ou látex possui forte presença no mundo da moda e da publicidade, nos jogos eróticos e no entretenimento do hiper-real.

Nessa trajetória do fascínio pela imagem feminina, há, evidentemente, uma relação diversa entre os gêneros. A ênfase na boneca feminina adulta, dotada de forte carga sexualizada, tem uma repercussão diversa entre homens e mulheres. Se a maior parte destas bonecas e dos relatos associados a elas são da autoria de homens, os jogos eletrônicos com bonecas e a imagem delas são intimamente associadas ao repertório do feminino. Se as ficções científicas contemporâneas ou os relatos cyberpunk contam com legiões de escritoras femininas, as invenções de bonecas sedutoras que aparentam serem mulheres reais são marcadas pelo imaginário masculino. Estas mesmas bonecas desejáveis, entretanto, colaboram para a automodelação feminina de mulheres, seja na vendagem de produtos de beleza, seja no vestuário, seja na concepção de sedução.

Vale apontar, na trajetória dos modelos femininos engendrados pela boneca, o caso singular e icônico da Barbie. Criada em 1959, sua aparição ocasionou uma revolução de consumo. Diversamente das bonecas bebês ou infantis, a boneca Barbie representa uma jovem mulher com curvas e seios avantajados, tem namorado, mesmo que este se encarne no insosso Ken e, sobretudo, possui vasta gama de apetrechos de consumo que vão desde o carro rosado, secador, guarda-roupa até casa com piscina em estilo Hollywood. O caráter inusitado do sucesso desta boneca, que posteriormente, ao sabor dos tempos multiculturais, ganha colorações distintas e roupagens exóticas, é que ela se consagra como ícone da mulher-objeto-consumo e, ao mesmo tempo possibilita infinitas brincadeiras em torno de sua figura.[9] A boneca é também uma projeção de imagem que pode ser inventada em múltiplas narrativas, incluindo as recentes, nas quais ela se configura como item *cult* no mundo *drag*.

Como assinalou Peter Berger, no seu livro *Ways of Seeing* (1972), uma das condições históricas da fabricação da feminilidade associada aos ideais de beleza e de sedução é que as mulheres foram educadas para se verem sendo vistas. Laura Mulvey designa este fenômeno como a condição de *"to-be-looked-atness"* que posiciona o olhar masculino sobre o objeto feminino.[10] Há uma internalização de um suposto olhar masculino que as abaliza e avalia. A boneca como representação de um duplo feminino aguça este desdobramento do espelho.

Daí que o fetiche da boneca terá conotações e usos tão diversos não somente de acordo com momentos históricos, mas também na disputa entre as formas de representação do feminino e do masculino.

As narrativas e representações das bonecas em filmes e romances dialogam, evidentemente, com a materialidade das bonecas produzidas no mundo da mercadoria e da tecnologia. Daí, o fascínio da literatura fantástica de Hoffman (1776-1822) pelos autômatos, o imaginário da máquina construído por Villiers L'Isle Adam (1866), com a mulher mecânica cujo inventor é o próprio Edison, o fetiche da boneca no relato *As Hortênsias* (1949), do uruguaio Felisberto Hernández, inspirado tanto no manequim de moda quanto no culto das imagens do cinematógrafo, a imagem ícone da mulher-robô no filme *Metropolis* (1926), de Fritz Lang, que inaugura a série de mulheres artificiais consagradas nos relatos de ficção científica, isto para citar somente alguns exemplos centrais de um vasto repertório.

Pelo viés tipológico seletivo que privilegia a construção da boneca enquanto fetiche de desejo, este percurso da representação literária e cinematográfica da boneca enfatiza três questões: a possibilidade técnica da invenção de representações artificiais hiper-realistas que suplantam o humano; a boneca como deslocamento do desejo erótico e fonte de projeções imaginárias que reduplicam uma mulher ideal; a boneca como ser inanimado cujo "efeito do real" estabelece uma fantasmagoria com a experiência da morte.[11]

Representações da boneca: bonecas técnicas

Diversamente da boneca que ganha vida nos contos infantis, Olímpia, a boneca mecânica de "O homem de areia", o célebre conto de Hoffmann, não é uma boneca que se anime por meios mágicos. Ela não é parte daquele repertório encantado da imaginação infantil que povoa seres inertes de vida secreta, não é personagem dos contos de fada e relatos de literatura infantil em que o tema da boneca humanizada é recorrente, nem se situa no imaginário religioso que entrevê a imagem como portadora de espíritos ocultos. O elemento fantástico no conto de Hoffman não é dado pela inversão da ordem racional do mundo pela magia, mas pelo ponto de vista subjetivo do personagem central, Nathanael. Entretanto, a aparição da boneca mecânica enseja um contágio mimético social em que as fronteiras entre o humano e o mecânico, momentaneamente, se desestabilizam. "O homem de areia" é também um conto sobre a percepção do real e da experiência em que a imaginação delirante de Nathanael é contraposta ao regramento racional de sua noiva Clara. Ainda neste veio, "O homem de areia" tematiza o estranhamento (*unheimlich*) da duplicação de pessoas ou eventos que foram recalcados por memórias traumáticas.[12]

Nathanael, jovem estudante, conhece Olímpia e apaixona-se perdidamente por esta, estranha e silenciosa filha do inventor Spallanzani. O amor por Olímpia apaga a imagem de sua noiva Clara e atiça sua imaginação. Indiferente às opiniões dos demais, que consideravam a jovem estranhamente rígida e silenciosa, para Nathanael,

> Nunca tivera uma ouvinte tão encantadora, pois não bordava nem tricotava, não olhava pela janela, não dava comida aos pássaros e não brincava com cãezinhos ou gatinhos graciosos. Não amassava papeizinhos ou se distraía com qualquer coisa nas mãos, nem precisava conter um bocejo ou um leve pigarro. Em suma, fitava o amado durante horas sem se mexer ou se ajeitar, e esse olhar tornava-se cada vez mais ardente e mais vivo.[13]

Quando Olímpia é finalmente revelada como boneca inerte, um desassossego permeia a comunidade:

[...] cresceu sorrateiramente uma abominável desconfiança com relação a figuras humanas. A fim de se convencerem de que não estariam amando uma boneca de madeira, vários amantes exigiram que suas amadas cantassem e dançassem um pouco fora do ritmo, que, ao ouvirem uma leitura, bordassem, tricotassem e brincassem com o cãozinho etc. mas, sobretudo, que não apenas ouvissem e falassem às vezes de uma maneira que as palavras demonstrassem o que *realmente* pensavam e sentiam.[14]

Enquanto relato do fetiche da boneca, o conto de Hoffman expressa a inquietação sobre o destino humano diante da mecanização industrial. Estariam os seres humanos, neste novo mundo mecânico, transformando-se em objetos? Ao mesmo tempo, o conto ilustra uma ponderação sobre as fantasias do imaginário romântico, a obsessão narcísica de contemplar o mundo feito à nossa imagem, de dotar as quimeras da imaginação de um poder de sedução e correspondência cristalizado na reciprocidade de olhares amorosos, quando tal troca é a projeção subjetiva sobre um objeto. Tanto a projeção que Nathanael tece sobre a boneca, quanto a desconfiança que o artefato mecânico desperta na comunidade incidem na importância da autenticidade como fator abalizador do real. Em sua projeção amorosa, Nathanael entrevê, nos olhos da boneca, a expressão mais autêntica da comunicação elevada e apaixonada, embora os olhos de Olímpia sejam espelhos sem consciência. Já para os outros rapazes que não sucumbiram ao delírio do fetiche, instala-se a desconfiança em relação às mulheres amadas, por isso desejam atestar a autenticidade das mesmas, insistindo na imperfeição. O dançar fora do ritmo, ser distraída, bocejar durante tertúlias, estes gestos antes tidos como pouco civilizados tornam-se os marcos da autenticidade, informam a espontaneidade do orgânico contra a regulamentação sem livre-arbítrio da boneca mecânica.

Se, no conto de Hoffman, a mulher mecânica é desautorizada, e o modelo de feminilidade passiva, meramente estética e sem livre-arbítrio, torna-se motivo de inquietação, no romance precursor de Villier de L'Isle Adam, *A Eva futura* (1885), a boneca mecânica é alçada a uma nova complexidade e subjetividade. Fruto do engenho do inventor Edison que é uma versão ficcional do próprio Edison histórico, a boneca Hadaly é uma andreida, ou seja, uma criatura artificial, dotada de uma aparência hiper-real. Em vez do repertório limitado da mecânica Olímpia, Hadaly supera em realismo as próprias mulheres de carne e osso. A ciência e a tecnologia mais sofisticadas foram acionadas para sua confecção. Feita para aplacar os desejos amorosos do jovem aristocrata inglês Lord Ewald, a andreida Hadaly fora projetada na imagem e semelhança da cantante Alicia Clary. Mas, enquanto Alicia Clary era dotada de bonita aparência e espírito mesquinho e caprichoso, a bela Hadaly destilava empatia e encantamento. Imune ao tempo, aos desgastes da velhice e aos destemperos emotivos, Hadaly representa a prolongação dos instantes de deleite do amor-paixão, sem os embates cansativos do cotidiano. Ela é a epifania contínua, o instante fotográfico efêmero que ganha fôlego prolongado, a aparição perfeita dotada de reciprocidade técnica. Na narrativa de Hoffman, os delírios do amor romântico eram criticados, a aspiração ao diálogo entre pares, as afinidades eletivas e a espontaneidade – algo que terá ressonância na configuração do casamento romântico – eram também almejados na figura da mulher que falava, se expressava e demonstrava individualidade própria. Já em *A Eva futura,* o inventor Edison possui uma teoria do amor-paixão e da condição feminina arquitetada sobre as bases da *femme fatale* do imaginário decadentista, acoplada às teorias cientificistas do final do século XIX. Desta amálgama, surge a noção de que a técnica e a ciência serão as autoridades do futuro; o amor-paixão romântico seria mera projeção ilusória. Sobretudo, a mulher fatal de carne e osso configura-se como uma megera plena de artifícios enganosos. Segundo Edison, as *femmes fatales*, com suas maquiagens, apetrechos e manipulações, já são fruto do artificial, logo

> Se a assimilação ou amálgama do artificial com o ser humano pode produzir tais catástrofes, e visto que tais mulheres, física e moralmente, têm muito de andreidas, fantasma por fantasma, quimera por quimera, por que não se haveria de aceitar a mulher artificial?[15]

Nas ilusões passionais despertadas pelas *femmes fatales* maquiadas, há a premonição da destruição e da redução dos homens a meros marionetes do desejo. Já a andreida tem o dom de "[...] anular, em poucas horas, todos os desejos baixos e degradantes que um coração apaixonado possa ter encerrado na sua entranha, isto por meio da saturação solene que produz o trato com ela".[16]

O encanto da andreida repousa na combinação perfeita de beleza estética e elevação amorosa. Seu hiper-realismo contrasta com a fabricação artificial das mulheres fatais. Entretanto, no seu intercâmbio amoroso com a boneca, Lord Ewald pondera sobre as limitações do amor com um "ser sem consciência". Composta de diferentes técnicas de engenharia e química, Hadaly, contudo, não tem consciência própria já que seus pensamentos são projeções da médium Sowana. Assim como há um diálogo entre os imaginários técnicos entrevistos na óptica do progresso científico e os repertórios artísticos do decadentismo literário, há também, em *A Eva futura*, um diálogo entre a ciência e o mágico encantatório. Hadaly é tanto uma boneca encantada, quanto um robô técnico. Embora seja o sumo das perfeições tecnológicas, somente pode expressar-se e pensar por meios espíritas. O entrecruzamento de técnica e magia evoca as ambigüidades geradas pela aparição de qualquer novidade técnica.[17]

Mas, na combinatória entre técnica e encantamento, Edison inaugura suas novas regras para a invenção do humano. Nota-se que, neste projeto de engenharia social, as andreidas são sempre femininas e surgem como corretivos da inautenticidade das mulheres orgânicas, camufladas pelo uso de artifícios e pela representação social de papéis. Idênticas às mulheres orgânicas, as andreidas possuem a elevação espiritual e a magnificência do sublime que deveriam despertar uma pedagogia amorosa e espiritual no homem. Assim, deparando-se com a figura de Hadaly, Lord Ewald pensa estar defronte de Alicia Clary, sua amada imperfeita. Chega, até mesmo, a repudiar a idéia da boneca artificial, pois Alicia, naquele momento, lhe pareceu perfeita:

> – Oh, que insensato sou! – murmurou. – Sonhava com um brinquedo de sacrilégio, cujo aspecto me faria sorrir. Oh absurda boneca insensível! [...] Ao mesmo tempo, miss Alicia Clary se levantou e, apoiando nos ombros do jovem suas mãos *carregadas de jóias cintilantes*, lhe disse com uma voz sobrenatural, inesquecível e *já escutada* – Não me reconheces? Sou Hadaly.[18]

De fato, um dos elementos que caracterizavam a boneca-andreida eram seus anéis preciosos que serviam como mecanismos de controle de sua anatomia mecânica. Nesse instante de reconhecimento, Lord Ewald

> Toma a sua mão: era a mão de Alicia. Acercou-se à sua nuca e ao seu decote: era ela. Os olhos eram seus, mas seu olhar era sublime [...] Pensou definitivamente que a mulher representada por aquela misteriosa boneca ao seu lado *nunca havia guardado nela algo que o fizera gozar de um doce e sublime instante de paixão como aquele que acabava de passar* [...] Talvez nunca tivesse conhecido tal deleite, se não tivesse existido aquela estupenda máquina de produzir o ideal. As palavras ditas por Hadaly haviam sido proferidas pela comedian-

te real sem emoção, compreensão, como por quem representa um personagem, [...] A falsa Alicia parecia mais *natural* que a verdadeira.[19]

Em *A Eva futura,* a pedagogia amorosa, técnica e magia, e o encantamento com o hiper-real obram no sentido de uma purificação cultural e na apologia da substituição da mulher orgânica pela boneca dos desejos masculinos. Esta substituição justifica-se pela teoria de que somente a boneca técnica seria capaz de revelar uma outra natureza, uma natureza não corrompida pelo artifício, ou seja, a técnica criará a pureza de uma natureza hiper-real. Se, no jardim do Éden, a Eva bíblica ocasionou a expulsão do homem do paraíso, agora, a Eva futura introduz o homem num novo jardim das delícias, afastando-o dos artifícios da cultura decadente. A domesticação da natureza e a transformação do real completam-se na reinvenção do feminino e numa projeção dos desejos e aspirações masculinas que culminam na boneca fetiche do encantamento.

A Eva futura derrotará a *femme fatale* artificiosa, porque criará uma outra natureza inteiramente técnica que, entretanto, será regida pelos mais elevados ideais. Enquanto a *femme fatale* exibe o pior dos mundos, a mentira do artifício e o atiçamento sensorial do desejo orgânico, as andreidas inauguram um novo mundo da técnica total, acoplada ao idealismo do amor supremo.

Em *A Eva futura*, a boneca técnica derrota a *femme fatale*, no famoso filme *Metropolis* de Fritz Lang o robô mecânico é a própria encarnação da mulher sedutora e maligna. A máquina feminina destila uma lascívia sedutora que desestabiliza a prédica pacífica e cristã da líder operária Maria. Novamente, coadunam-se encantamento e técnica que culminam numa cena extraordinária em que, travestida de Maria, a robô dança com movimentos eróticos entre ídolos orientais. O teor desta cena em que a boneca mecânica se movimenta sedutoramente entre imagens, sublinha os perigos da idolatria e tece a equiparação entre técnica e encantamento. Contrariamente ao otimismo cientificista de *A Eva futura* que, entretanto, como escrita de romance, possui a prosa adjetivada do simbolismo, *Metropolis* introduz a visualidade cinematográfica vanguardista do futuro, sem endossar a prédica do futurismo glorificado. O robô feminino desestabiliza não só porque possui um "efeito do real" avassalador, mas também porque espelha a noção da feminilidade sexualizada e desgovernada.[20] Em *A Eva futura*, a natureza deve ser substituída pela técnica, e a pedagogia amorosa do sublime sepultaria as ilusões passionais. Já em *Metropolis*, há um resgate simplório da natureza humana, centrada nos valores da fraternidade social, que paira acima das divergências de classe. A técnica desumaniza os operários atados às engrenagens e os transforma em escravos do relógio e da linha de produção. Esta mesma técnica fabrica o robô sedutor na imagem e semelhança da mulher. Mas, na resolução final, o robô é liquidado, e a líder dos operários une-se amorosamente ao filho do patrão. Projetada como redentora cristã, a líder dos operários, Maria, derrota o robô idolátrico e suspende não só a luta de classes, mas também a ameaça da sexualidade feminina desgovernada, simbolizada pelo robô. A ambigüidade do legado técnico, entretanto, permanece sem resolução.

Já no romance *A invenção de Morel* (1940) do argentino Adolfo Bioy Casares, a técnica não somente desestabiliza as fronteiras entre o humano e a imagem, como também introduz uma desrealização do mundo, pela coexistência paralela entre a realidade orgânica e o mundo do simulacro virtual. Antecipando a criação da realidade virtual, a "máquina de Morel" é um sofisticado aparato que não só reproduz imagens idênticas ao real, como também as dota de movimento, espessura, cores e cheiros. Entretanto, quem é submetido aos efeitos da máquina é também fagocitado pela mesma. A máquina eterniza a imagem espectral e assassina o corpo carnal. No romance de Bioy Casares, o simulacro virtual, diversamente da boneca mecânica, da andreida ou do robô técnico, não pode interagir com o mundo real, porque a realidade virtual se configura como a reprodução espectral de algo que já não existe. Apaixonado pela imagem simulacro de Faustine, o narrador-protagonista, um foragido numa ilha deserta assolada pelos espectros da máquina de Morel, somente pode contemplar a superposição do simulacro sobre o real.

As imagens simuladas repetem a semana corriqueira dos amigos de Morel na ilha. Contra o telão da natureza esvaziada, as imagens ensaiam os mesmos gestos, percorrem os mesmos caminhos, trocam as mesmas palavras e eternizam o vazio. Estão num "paraíso" sem redenção, numa eternidade sem revelação. Entretanto, no seu afã amoroso, o protagonista busca inserir, nesta coreografia reduplicativa do real, uma narrativa ficcional do amor. Faz-se fotografar pela máquina ao lado da amada Faustine. Introduz, na semana vivida pelos protagonistas fotografados pela máquina, sua própria imagem provinda de outro momento temporal. Ao se fotografar, condena-se à morte. Resta o legado ficcional de sua vivência ao lado da mulher amada:

> Minha alma não passou para a imagem senão eu teria morrido, teria deixado de ver (talvez) Faustine, para estar com ela numa visão que ninguém recolherá. A Pessoa que, baseando-se nessas informações, inventar uma máquina capaz de reunir as presenças desagregadas, farei uma súplica: Procure-nos, a Faustine e a mim, faça-me penetrar no céu da consciência de Faustine. Será um ato piedoso.[21]

Qual era o teor do amor do protagonista por Faustine? Quem é Faustine? Como boneca-imagem, Faustine é como uma diva cinematográfica que o narrador contempla num filme do real. Não dialoga com a imagem, não penetra na sua consciência, não troca olhares recíprocos. Tal como Hadaly, Faustine é impermeável ao tempo. Mas, se na interação com

Hadaly, Lord Ewald vive uma ficção amorosa cujo enredo constrói, com Faustine, o protagonista pode meramente ser o *voyeur* de sua própria paixão. Na prédica de Edison, o amor-paixão pela mulher orgânica era um somatório de ilusões desviadas. Faustine é a boneca que acolhe as projeções do *voyeur*. Sua presença e a teoria de amor adjacente à sua figura sublinham a noção de que o outro não nos é acessível, mas é uma quimera feita pelo desejo de nossa imaginação que inaugura uma conversa de nós com o outro eu. Na nossa imagem espelhada, vemos nossos olhos nos vendo, na projeção da boneca imagética, criamos um mediador. Quanto mais tecnificada e realista a boneca, mais o desejo mimético gratifica-se gerando um mundo em imagens.

Diferentemente da imagem-simulacro Faustine, inacessível para seu admirador, e diversamente da mecânica e limitada Olímpia, os andróides de *Blade Runner* (1982), no filme *cult* de Ridley Scott, são seres técnicos criados para funções específicas que interagem com humanos no cenário devastado da cidade de Los Angeles. Semelhante à andreida de *A Eva futura*, os andróides de *Blade Runner* foram engendrados pelas técnicas mais sofisticadas, mas enquanto a ciência futurista de Villier de L'Isle Adam se enquadra nos parâmetros do século XIX, a ficção científica de Scott, atualizando o romance de Philip K. Dick, invenciona a inteligência artificial e com ela a criação da subjetividade, da memória, da consciência e do livre-arbítrio. Esta consciência é programada, as memórias do passado são artificialmente instaladas, mas, diversamente de Hadaly, que não possuía voz própria e vivia num eterno presente, os andróides adquirem experiência. Esta experiência é o que pauta a criação autônoma de suas consciências. Se há uma falsa temporalidade implantada pela memória virtual, existe também uma temporalidade vivida pelo ser-máquina-no-mundo. É a partir desta experiência vivida que os andróides ensaiam sua rebelião, porque se recusam a serem desprogramados e condenados ao ferro-velho da sucata. Em *Blade*

Runner as "regras para o parque humano" deliberam um rígido processo de seleção em que os seres mais eugênicos têm acesso ao mundo das colônias extraterra, enquanto a ralé urbana permanece emparedada numa cidade terrestre contaminada. Enquanto Hadaly fora especificamente programada para atender aos desejos de Lord Ewald, a andróide Rachel, exemplo máximo do simulacro, desponta como ser autônomo que, inclusive, desconhece sua própria natureza maquínica. A história de amor entre o caçador de andróides Deckard, aquele que deve desativar os andróides rebeldes, e a boneca-simulacro Rachel configura-se como o romance entre o humano e a máquina consciente. Se a natureza fora abolida pela devastação civilizatória, agora, esta cultura da técnica rompia definitivamente as barreiras entre o humano e a máquina. Entretanto, mesmo nessa ficção, a temporalidade do homem e da máquina difere entre si. Reduplicados em fotografias, digitalizados em máquinas, gravados e filmados, os humanos morrem, e suas imagens perduram na duração material do objeto. Já o andróide sem data de vencimento pode ser "eternamente" recauchutado.

Bonecas eróticas

Depois de conquistar extensa lista de mulheres, Casanova, em seu fatigado declínio, encontra a mulher ideal. Uma boneca mecânica de vastas saias e cachos que ele possui num frêmito derradeiro. Com esta cena, Fellini termina seu filme *Casanova* (1976). Neste desfecho, encena o paradoxo do sedutor compulsivo. Todas as mulheres de Casanova eram objetos de posse de um desejo itinerante que se renovava e se exauria em cada nova conquista. Tal como o consumidor insaciável, Casanova procurava o delírio da sedução, a novidade do erótico, o triunfo da posse para, pouco depois, se abater de tédio.

Ao final da trajetória da conquista, o exaurido Casanova já não precisa exercer os poderes da sedução e pode, finalmente, desfrutar a boneca inerte e silenciosa, realizando o fetiche do desejo espelhado sobre si mesmo. O libertino sedutor termina seduzido pelo seu próprio desejo.

Na versão de Fellini sobre o mito de Casanova, o libertino é governado por desejos que finalmente só podem ser saciados narcisicamente. A boneca é a mediadora deste encontro do desejo com seu espelho. As próprias mulheres seduzidas pelo conquistador são bonecas descartadas.

Se em *Casanova*, de Fellini, a boneca representa tanto o desejo espelhado quanto a derrota da sedução, já que ela cancela a ação sobre o mundo e encerra o conquistador no seu próprio casulo autogratificante, no famoso caso de amor do pintor Kokoschka com a musa Alma Mahler, a boneca atuou como fetiche compensatório da perda da mulher real.

De 1912 até 1915, o pintor austríaco Oskar Kokoschka viveu crepitante paixão por Alma Mahler, beldade sete anos mais velha do que ele, viúva do compositor Mahler, musa do meio vienense. Na intensidade do seu arrebatamento amoroso por Alma, Kokoschka escreveu mais de 400 cartas de amor, fez vinte quadros, setenta desenhos, um mural e, por último, sete leques ilustrativos nos quais despontam, entre as dobras do papel, as figuras dele e de Alma nas diversas fases do amor. Na turbulenta paixão dos dois, Oskar foi o mais empenhado e Alma, que tivera inúmeros admiradores e que se casaria com figuras altamente ilustres do meio artístico europeu, eventualmente se afasta do amante sentindo-se cerceada por seus ciúmes e possessividade. Kokoschka parte para a guerra. É gravemente ferido e no hospital, pede a presença de Alma que, entretanto, se recusa a vê-lo. Em 1918, vivendo na Alemanha, Kokoschka ainda alimenta o sentimento por Alma que, todavia, se empenha em não reavivar a velha paixão.

Nos quadros que Kokoschka pintara de Alma, ela emerge numa variedade de semblantes. Alma surge nua e entrelaçada ao seu corpo, em representação amorosa do casal; em outro quadro, Alma aninha-se contra o corpo reclinado de Oskar, e ambos estão retratados num mar revolto e picotado. Em vários desenhos, Alma é a figura materna, Eurídice, esfinge ou a enigmática Mona Lisa. Os leques ilustrados, por sua vez, dão conta da progressão do romance e dos impasses de Kokoschka em face do temor de perder Alma para algum admirador. Quando, portanto, em 1918, Kokoschka encomenda uma boneca em tamanho natural, feita na forma de Alma e com suas feições, as possibilidades de reencontro do casal estão sepultadas. Em carta à fabricante de bonecas Hermine Moos, Kokoschka explicita: "Por favor, faça o possível para que meu sentido táctil seja capaz de sentir prazer naquelas partes onde as camadas de gordura e músculo repentinamente se transformam numa sinuosa cobertura de pele."[22]

A chegada da boneca provoca forte comoção na criadagem da casa e circulam por Dresden rumores da relação amorosa e erótica entre Kokoschka e a boneca-Alma. Nas palavras do próprio:

> Queria ter uma réplica em tamanho vivo de Alma! Procurei a melhor artesã feminina que conhecia. Encarreguei-me de que ela tivesse todas as fotografias de Alma e suas medidas para que pudesse criar a boneca que tinha em mente. Esperei ansiosamente para que fosse entregue. Para vesti-la com a mesma elegância de Alma, comprei vestidos e lingerie das melhores casas de Paris. Naqueles dias, tinha um mordomo idoso que trabalhava para mim e uma jovem empregada chamada Hulda. O mordomo ficou tão excitado com a idéia de botar os olhos nesta criatura completamente incrível que no dia em que o baú chegou e os dois carregadores cuidadosamente começaram a desempacotar a boneca ele teve um derrame. Quando Hulda viu a Schweigsame Frau, a "mulher silenciosa", entretanto, ela ficou no sétimo céu, e quanto a mim, eu estava cativado! Era tão bela quanto Alma apesar

de que seus seios e quadris fossem recheados com pó de madeira.[23]

Segundo depoimento de Kokoschka, fora Hulda que se encarregara de fantasiar histórias insólitas sobre o patrão e a boneca, pois nas palavras do pintor:

> [...] todos em Dresden estavam fofocando sobre meu estranho comportamento com a boneca. Finalmente, depois de a ter desenhado e pintado diversas vezes, decidi me desfazer dela. Ela tinha me curado completamente da minha paixão. Então dei uma enorme festança de champagne com música de câmera, durante a qual Hulda exibiu a boneca com todas as suas roupas lindas pela última vez. Quando chegou o amanhecer – eu estava bastante bêbado, como, aliás, todo mundo – a decapitei no jardim e quebrei uma garrafa de vinho tinto sobre sua cabeça. No dia seguinte, uma patrulha de policiais deu uma olhada pelo portão e vendo o que aparentemente era o corpo nu de uma mulher coberta de sangue, eles invadiram a casa suspeitando tratar-se de algum crime de paixão. E quanto a isso, é o que foi [...] porque naquela noite, eu matei Alma.[24]

Quando pintou Alma nos seus quadros e desenhos, Kokoschka buscou metaforizar a intensidade de sua vivência amorosa, reinventando uma Alma pictórica que perduraria além da Alma orgânica. As pinturas dão testemunho do enlace amoroso de ambos, dotam-no de densidade simbólica, recortam e emolduram os estilhaços da paixão num painel evocatório em que os ruídos das engrenagens do mundo são obliterados para ressaltar o foco central daquele encontro amoroso. Kokoschka pinta Alma porque a ama e porque encontra nela o cerne de uma experiência vital. Transformando-a em arte, monumentaliza e estetiza seu vínculo passional. Kokoschka pinta em estilo expressionista, com pinceladas grossas e turbulentas, desenha com lápis forte, cheio de *pathos*. Pintou como artista de vanguarda afastando-se dos cânones acadêmicos da pintura realista, portanto, as imagens dele e de Alma, que emergem da pintura e dos desenhos, são configurações que expressam densidade emotiva e conotações alegóricas, sem fazer uso da verossimilhança mimética. Com o fetiche da boneca, dá-se o processo inverso. Construída para exacerbar ao máximo o "efeito do real", a boneca fetiche existiu para substituir a Alma orgânica, para fornecer a experiência vicária de uma presença que já não era acessível, para fomentar o jogo lúdico da fantasia, para exorcizar e transformar em objeto descartável a mulher amada e impedida. No entanto, quando retrata a boneca em suas pinturas e desenhos, Kokoschka representa-a como figura expressionista, revelando como o fetiche criado pela paixão é, mais uma vez, transmutado em arte.

A estetização artística do fetiche da boneca atinge expressão culminante no extraordinário romance *As hortênsias* (1949), do escritor uruguaio Felisberto Hernández. Em *As hortênsias*, o fetiche da boneca assume tal dimensão, que usurpa a presença da mulher verdadeira. Não se trata de um mecanismo de projeção, mas da substituição do real pelo ficcional. Se toda interação amorosa envolve uma invenção do outro segundo a perspectiva dos olhos apaixonados, esta fabricação possui lastro na realidade na medida em que ela é contestada, abalizada, esgarçada e questionada pelo próprio objeto/sujeito da paixão e pelas circunstâncias sociais. Na história de Kokoschka, a experiência de autenticidade com a mulher real não poderia ser transplantada para a boneca, mas já em *As hortênsias*, a paixão desmedida pela boneca fantasiosa provém, justamente, da obsessão do olhar fantasioso que cancela o diálogo com o mundo e elege um objeto inanimado como fonte de paixão.

Na relação Kokoschka-Alma-Boneca, temos um circuito entre a experiência vivida e sua cristalização na representação artística; a criação do fetiche realista enseja tanto uma série de ações reais, tais como vestir a boneca, festejá-la e, finalmente, decapitá-la, como também aciona projeções imaginativas que se metaforizam na própria interação com a boneca e na sua representação artística. Em *As hortênsias*, dá-se a criação da boneca, e a sublimação artística torna-se experiência vicária, o ato erótico sobre a boneca cancela o distanciamento artístico e, ao mesmo tempo, torna a vida ficcional.

Sem fazer uso da criação de mundos alternativos como a literatura fantástica e sem apropriar-se da montagem do estranhamento surrealista, a narrativa de *As hortênsias* revela como a obsessão pelo fetiche da boneca modifica a própria fabricação do cotidiano normativo e advém do mundo encantatório fabricado na moda, cinema e publicidade. Como Nathanael e Lord Ewald, Horácio também se apaixona por uma boneca. Essa boneca nem é mecânica ou robótica, mas sim descendente dos manequins de moda. Entretanto quando Horácio, dono de uma confecção, encomenda ao inventor Facundo uma boneca à imagem e semelhança de sua mulher, Maria Hortênsia, ele desloca a boneca Hortênsia do âmbito da vendagem e transforma-a em ícone familiar. Para Maria, a boneca era a filha que nunca tiveram, já para Horácio, Hortênsia era um inquietante objeto de desejo. Objeto de desejo que ele quis aperfeiçoar e tornar cada vez mais realista. Em sua busca para forjar uma boneca hiper-real, Horácio vai exigindo que Hortênsia adquira, cada vez mais, uma configuração realista que culmina na reprodução do sexo feminino na sua anatomia de brinquedo. A visão inesperada do sexo de Hortênsia revela a Maria, mulher de Horácio, o atiçamento fetichista. Olhar para a boneca sexuada produz-lhe o espanto da reduplicação em que sua própria sexualidade é cancelada em prol do artefato imitativo. Refugiada na casa de um parente, Maria lê no jornal o reclame das bonecas Hortênsias: "Você é feio? Não se preocupe. Você é tímido? Não se preocupe. Numa Hortênsia você terá um amor silencioso, sem brigas, sem rixas agonizantes, sem reclamações."[25] Facundo e Horácio haviam inaugurado uma linhagem inteira de bonecas sexuadas para uso doméstico.

Se, nas ficções sobre a mulher mecânica, o temor aflora na preocupação pela quebra de barreiras entre o humano e o técnico, na novela *As hortênsias*, a sedução do fetiche da boneca contamina a cidade. Esta sedução, entretanto, não diz respeito ao caráter propriamente técnico da boneca, mas ao seu idealizado realismo sedutor, configurado no objeto sexuado que substitui a experiência do intercâmbio humano. As Hortênsias são bonecas-manequins e, enquanto tal, apresentam, nos seus próprios corpos, o fetiche da mercadoria. São a encarnação publicitária do desejo, são a aparência mimética sedutora que, se não fomenta a cobrança afetiva, atiça o desejo da posse, a ânsia do consumo em cada nova versão. Horácio não somente trai sua própria mulher com a boneca feita em sua cópia, como também não se contenta com a boneca Hortênsia original e busca outras Hortênsias, louras, negras, morenas, outras bonecas-fetiche para aplacar seu desejo.

Ainda casados, Horácio e Maria "brincavam" com manequins-bonecas que eram colocadas em vitrines de cenários alegóricos. Havia uma teatralidade posta em cena, as bonecas eram pantomimas petrificadas e também eram divas de um cinema mudo, acompanhado de trilha sonora ao vivo. Mas, com as Hortênsias sexuadas, o marco teatral e cinematográfico se esvai, e a boneca sedutora atua enquanto objeto material, como fetiche erótico tangível sem narrativa definida borrando as fronteiras entre o real e o imaginário. Cada homem solitário projeta sobre sua boneca seu próprio enredo cinematográfico de desejos, anseios e frustrações. Enquanto as mulheres da vida real envelhecem e exibem um caudal de emoções, as Hortênsias são enigmáticas criaturas do silêncio, telas ornamentais que recebem os arabescos da imaginação masculina. As Hortênsias, além de descartáveis como as flutuações da moda, também são objetos passíveis de metaforização. Se na publicidade o objeto é envolto num encantamento previamente estipulado pela mensagem publicitária, enredo do anúncio e imagem retratada, com as Hortênsias, o desejo do consumidor projeta as narrativas imaginárias sobre a boneca e efetua a substituição do real pelo imaginário. A boca pintada e o sexo artificial são metaforizados enquanto reais e, ao mesmo tempo, são desejados, porque são irreais.

Como relato ficcional, *As hortênsias* traduz não só o famoso fascínio surrealista pelo manequim enquanto representação ambígua do humano-inumano e do morto/vivo, como também projeta sobre a figura da boneca o olhar do estranhamento e do maravilhoso. Na bela boneca erótica que é insolitamente real e, ao mesmo tempo, inerte e sem consciência, o estranhamento do mundo do consumo adquire uma expressão inusitada. Prosaicas bonecas do desejo, as Hortênsias, entretanto, possuem a pátina do estranho, porque trazem à tona o fetiche erótico e colocam em evidência a dinâmica da socialização moderna, saturada pelos objetos em circulação. Na interação entre consumidores e objetos, os corpos são espelhados e espelham-se: as mulheres tornam-se bonecas-manequins e as bonecas-manequins ganham a configuração de mulheres.

Assim como os surrealistas celebraram as fotos dos manequins irreais nas vitrines da moda, os anúncios publicitários de meias flutuando no ar noturno da cidade, os néons de óculos luminosos piscando na fachada de um prédio, as Hortênsias montevideanas, nas vitrines da loja Primavera, também pulsam com o estranho encantamento do incongruente. Trata-se de um deslocamento do olhar no qual os objetos entrevistos na própria trama urbana da cidade adquirem uma potencialização estética diversa da sua finalidade de venda. Assim, os anúncios tornam-se feéricos e adquirem uma estética insólita, conclamando o olhar não somente para o consumo aquisitivo, mas também para a epifania urbana. Na Montevidéu do cinematógrafo e do lançamento de modas, as bonecas na vitrine da loja metaforizam a modernização do desejo de uma vida urbana pautada pelo consumo dos objetos. Entretanto, enquanto bonecas sexuais, as Hortênsias cumprem um papel, mais inovador e inquietante, pois penetram no lar familiar como reclames publicitários da intimidade erótica. Assinalam, deste modo, uma nova forma de relacionamento em que o fetiche do objeto convive com a relação pessoal, superando-a, em algumas instâncias. Enquanto bonecas sexuais, as Hortênsias antecipam as *real dolls* eróticas atualmente fabricadas para o consumo sexual e as *digital beauties* que reluzem nas telas, incitando os internautas a projetar sobre suas silhuetas cibernéticas emoções que não encontram reciprocidade humana.[26]

Bonecas hiper-reais

Programadas para venderem desde sandálias de plástico até instalações telefônicas, desenhadas para serem sensuais combatentes em jogos eletrônicos ou musas pornográficas, as bonecas digitais são figuras femininas cujo estilo de representação varia do hiper-realismo ao virtual fantástico. Em algumas, notadamente, as belezas digitais japonesas, o efeito sedutor da imagem é realçado pela ênfase no artifício. As ninfetas nipônicas, as *virtual idols* cibernéticas, são projetadas para serem bonecas animadas. O charme de sua irrealidade é o que nos cativa, porque representam algo mágico, a matéria inexistente que ganha vida e pulsação, o olhar insondável da esfinge que, entretanto, carece de mistério. Já outras bonecas são minuciosamente programadas para gerar ao máximo o efeito realista. São bonecas hiper-reais que demonstram tal nitidez de contorno e tal precisão de detalhes, que elas nos oferecem o assombro de um realismo que ultrapassa nosso realismo entrevisto a olho nu. Trata-se, sobretudo, de uma potencialização do olhar por meio da imagem cibernética. Entretanto, diversamente da imagem captada pela câmera fotográfica, estas figuras femininas não existem fora da tela, não possuem nenhum lastro com o mundo real, são simulacros despidos dos vestígios que tornam a imagem fotográfica um índice do mundo. São tão ficcionais quanto os personagens que habitam as páginas dos livros de literatura. Mas, enquanto os personagens descritos pela palavra impressa nos convidam a imaginar suas formas visuais, as bonecas digitais, mesmo aquelas que são protagonistas de enredos narrativos, brilham, sobretudo, pela aparência sedutora. Se personagens literários esmiúçam pensamentos, as bonecas digitais inibem a interiorização subjetiva. São imagens que atiçam desejos sem rasgar a tênue capa da aparência. Nos olhos das bonecas hiper-reais que não nos devolvem nosso olhar, o insólito aflora na superfície da imagem.

Com as imagens hiper-reais, a sensação de *the real thing* é algo distinto da síndrome de Pigmaleão e Galatéia. Sob os dedos apaixonados do escultor Pigmaleão, a estátua de mármore Galatéia vai tingindo-se de vida, seus membros marmóreos ganham o rosado da carne viva, e a mulher ideal desponta inteira para satisfazer todos os desejos do seu criador. Porém, na interação com as imagens das bonecas hiper-reais cibernéticas, a conexão que a imagem possui com a realidade não interessa e o que mesmeriza o internauta é a visão desta criação perfeita cujo realismo idealizado apetece mais do que as figuras prosaicas de carne e osso. Se com as divas do cinema e as musas da moda há um vasto aparato imagético que as redesenha enquanto imagens sedutoras, no caso das belezas digitais, o desafio é encontrar uma mulher que corporifique a imagem. Nota-se, neste sentido, a indignação dos internautas com a encarnação da heroína Laura Croft pela atriz Angelina Jolie.[27] Em todas as interações com as bonecas virtuais, quer elas sejam desenhadas na imaginação fantástica ou projetadas nos cânones do realismo mimético, o que está em questão é a potencialização do desejo dentro de marcos específicos dos repertórios da imaginação oferecidos pelo próprio aparato tecnológico. Neste sentido, a interatividade que é realçada como atividade positiva e agenciadora do usuário tem limitações restritivas, seja tratando-se de um jogo como o *Singles*, projetado como uma versão romântica e erótica do *Sims*, seja no *Playboy Mansion* ou em qualquer outra brincadeira que promova o encontro entre desejo e figuração erótica; entre usuário e mediação tecnológica da imagem. Algo distinto ocorre na navegação pelos *chats* eróticos, no intercâmbio de *e-mails* entre usuários porque embora a imaginação seja o fio condutor desta comunicação, ela é uma imaginação que se redesenha de acordo com as respostas e demandas de usuários reais. Estes usuários, evidentemente, comunicam-se num espaço virtual que independe da especificidade dos seus espaços geográficos, mas eles não se limitam a um repertório previamente estipulado. Sobretudo, embora isto possa vir a ser alterado com a comunicação virtual acoplada às *webcams*, o intercâmbio nos *e-mails*, *blogs* e *chats* ainda se processa por meio da palavra escrita. De fato, o grande atrativo do namoro cibernético é a captação do outro através da sedução da escrita. As fronteiras entre o real e o ficcional são permanentemente negociadas porque a escrita epistolar tece personagens imaginários que, entretanto, são provenientes de uma pessoa real. Nos namoros que se concretizam fora do espaço cibernético, os ajustes entre imaginação e cotidiano são testados com os devidos acoplamentos.

Em contraste radical com a interação amorosa-erótica entre usuários reais, as bonecas anunciadas no site *Real Dolls* (www.realdolls.com) prometem deleites eróticos sem os desgastes e ajustes da comunicação afetiva entre pessoas. Com exceção de um único boneco masculino e um modelo de boneco-travesti, as Real Dolls são sensualizadas bonecas femininas, feitas da forma mais realista possível para usos sexuais. As bonecas devem ser encomendadas, e o usuário tem um cardápio de tipos femininos (louras, asiáticas, latinas) que pode escolher ao seu gosto. São bonecas de tamanho natural, maleáveis, com cabelos verossímeis e sexo esculpido com as devidas reentrâncias e saliências.

No site encontram-se declarações dos usuários sobre os deleites das Real Dolls, tais como:

Melhor sexo que jamais tive! Juro por Deus! Essa Real Doll é melhor do que uma mulher verdadeira, fantástico! Amo ela. Essa Real Doll é de verdade. Juro! Melhor do que uma mulher! Minha mulher... Que Deus leve tudo o que tenho se eu estiver mentindo! Faço um teste de detecção de mentiras! Juro pelos meus filhos! Eu fiz e foi realizador! Eu fiz e estou orgulhoso de ter feito! Foi maravilhoso!

Ainda em outro trecho do site:

Acabei de ganhar minha Real Doll esta manhã. Creio que estou apaixonado. OBRIGADO! Leah é linda e seus seios são INCRÍVEIS! Não consigo deixar de me surpreender em como ela parece e se sente como REAL! Você me fez um cara feliz e espero que continue e faça outros caras felizes.

Tratando-se de um site americano, há um mínimo de dissidência polifônica tal como o contido na afirmação de uma mulher que declara:

Sou uma mulher de 30 anos que chegou até seu *website* através de uma amiga [...] foi doentio. Tenho que dizer que, embora não tenha uma boneca, estou pasma com o que vocês conseguiram fazer com elas! A boneca parece tão real, que é assustador. Já pensaram em vozes gravadas? O único porém que vejo é que os homens podem decidir que gostam mais dessas mulheres perfeitamente formadas [...]

Em variações em torno do mesmo tema, há ainda outras declarações que sugerem a criação de Real Dolls de celebridades tais como Pamela Anderson ou Marilyn Monroe. Finalmente, há os precavidos que enfatizam a contribuição da Real Doll enquanto mecanismo que protege o cônjuge das ameaças dos advogados que o processariam por infidelidade e depenariam seus recursos financeiros, caso se tratasse de uma traição com uma mulher de verdade. Já com a Real Doll nada pode ser legalmente acionado, afinal, um homem não pode estar traindo sua mulher com um objeto. Evidentemente, no site das Real Dolls pouco importa se as declarações anônimas dos usuários são de fato verídicas ou inventos publicitários. Outros relatos sobre o espantoso realismo da boneca e a gratificação decorrente de sua beleza e sexualidade passiva são um aditivo ao reclame fotográfico. Dão um "efeito do real" à experiência vicária e promovem a liberação do erótico potencializado pelo desejo que o outro expressa pela boneca.

A brincadeira com a Real Doll ademais confere um valor de ação e interatividade ao usuário, diverso da contemplação de filmes ou fotografias pornográficas. A boneca ocupa uma posição material e tangível no mundo real, embora a rede de associações envolta na sua figura hiper-real esteja sendo tramada para obliterar a existência de mulheres de carne e osso. Mulheres que se queixam, envelhecem, pedem pensão, adoecem, desafiam, enfim, demonstram uma autonomia subjetiva enfadonha para esse tipo de desejo instrumental masculino. Nota-se a preocupação do site em reproduzir a suposta fala de homens casados, de homens que se sentem "orgulhosos" do que fizeram, numa tentativa elíptica de desvincular o fetiche da boneca de qualquer patologia pervertida. A "normalidade" dos usuários e a perfeição realista da boneca asseguram que estamos no melhor dos mundos. Um mundo onde homens finalmente podem brincar de bonecas sem se sentirem afeminados por isso. Ao contrário, na enigmática figura da boneca, todas as projeções são possíveis, e as conseqüências sociais são plenamente negligenciáveis. Afinal, o segredo da boneca está na sua materialidade realista e na sua plena descartabilidade.

O intuito das Real Dolls é promover a vendagem do desejo na materialização da boneca feminina, mas, para que este ato de consumo erótico tenha êxito, é preciso tanto enfatizar o realismo da boneca quanto fomentar seu fetiche enquanto objeto. Fazer sexo com a boneca Real Doll significa optar pelo objeto encantado e, para tanto, a boneca deve ser bela, erótica, perfeita. O vazio do seu "não-ser" convida a um preenchimento pleno de clichês publicitários. As Real Dolls, sobretudo, nas fotografias do site, assemelham-se às modelos eróticas da *Playboy* que, por sua vez, dependem de recursos técnicos para parecerem cada vez mais com bonecas. Neste espelhamento entre bonecas perfeitas e mulheres-bonecas, há um repertório consagrado do belo, do erótico e do sedutor. O fetiche depende do encantamento que traz à tona o desejo, o prazer, a fruição e oblitera o sujo, a secreção, o feio e a morte.

    O espectro desconcertante por detrás das Real Dolls, o cadáver mutilado das mesmas, foi construído na obra de Hans Bellmer nos anos 1930.[28] Aclamado pelos surrealistas, o alemão Bellmer expressou de forma perturbadora o lado obscuro do fetiche da boneca erótica e da figura do feminino. Ao longo de sua carreira, construiu uma variedade de bonecas e fotografou-as. As bonecas de Bellmer são criaturas desmembradas, mutiladas, monstruosas e incongruentemente sexuadas. São figuras que possuem a anatomia de jovens meninas púberes, e algumas até usam os sapatos de boneca e as meias soquetes características de adolescentes em fase escolar. Mas o desmembramento dos seus corpos em que tudo se recombina e se quebra, as pernas e seios sem rostos, os rostos sem braços, o tronco sustentando dois conjuntos de pernas, todo este esfacelamento e remontagem traduzem o espanto do sinistro. As bonecas de Bellmer, que tanto podem ser interpretadas como uma crítica à eugenia nazista ou como uma revelação das ambigüidades surreais sobre o reprimido e o feminino, foram acolhidas no marco do repertório vanguardista. Elas buscavam, entre outras coisas, dissolver o encantamento publicitário da boneca manequim de loja, da boneca erótica dos cartões-postais e da boneca do reclame publicitário. Mas o alcance desta crítica foi relativamente modesto, na medida em que suas imagens não obtiveram ampla popularização. As bonecas vitimadas de Bellmer mostram, nos corpos desmembrados, no sexo esfolado, o sadomasoquismo da posse e a pulsão da morte. O que diferencia as bonecas de Bellmer do imaginário midiático do terror é a presença aguda do estranhamento, do insólito que não se domestica.

Na sua configuração perturbadora, essas bonecas foram derrotadas, porque seus corpos estranhados davam pouca margem ao consumo. Sobretudo, possuem uma antiestética mórbida e sinistra de complexa absorção. As bonecas de Bellmer, inclusive, distanciam-se das imagens sadomasoquistas de bonecas produzidas em revistas das décadas de 1940 e 50, tais como *Bizarre* e outras publicações do gênero. Nestas coleções de *Bizarre* e em outros desenhos afins, o sadomasoquismo, o fetiche, as práticas torturantes e obscuras do sexo são palpáveis, mas ganham uma pátina estética. Atendem a um nicho de consumo que se expressa na compra de acessórios, na criação de bares temáticos ou salões de sexo moldados para atender aos anseios específicos de uma clientela. Ou seja, as bonecas do obscuro desejo empacotadas em mercadoria de consumo proliferam, e as bonecas da beleza *mainstream*, as Real Dolls da sedução feminina, não só se multiplicam, como que constituem uma rede inteira de automodelações femininas.[29]

Bonecas midiáticas brasileiras

As telas das televisões brasileiras, na década de 1980, povoaram-se de adolescentes pululantes, vestindo roupas sumárias, calçando botinhas brancas e exibindo, indefectivelmente, cabelos louros. Era o séqüito animado das Paquitas, comandadas pela ex-modelo, outrora atriz de filmes eróticos, ex-namorada de Pelé, a famosa Xuxa, transformada na fada madrinha da erotização infantil. Com trejeitos, lançando beijos ao auditório e aos participantes infantis, Xuxa representou algo radicalmente novo na programação televisiva. A novidade não estava na vendagem de produtos associados ao mundo infantil, nem residia nos efeitos de um entretenimento despido de qualquer conteúdo crítico, informativo ou ludicamente inteligente. A novidade da Xuxa é que ela se projetou como uma Barbie real, uma grande boneca loura sedutora, acompanhada de suas aeróbicas ninfetas sexualizadas.[30] A proliferação de roupas Xuxa, botinhas Xuxa, adereços Xuxa adornou toda uma geração de crianças brasileiras com trajes de minimulheres. Crianças vestidas de bonecas sedutoras. Após o fenômeno Xuxa, deu-se uma linhagem inteira de apresentadoras louras de programas infantis.

As adolescentes louras eram o elo midiático entre o mundo infantil e adulto. Espelhavam a Rainha dos Baixinhos, mas, ao mesmo tempo, introduziam algo inquietante na projeção contínua da sexualidade ambígua.

Desde o famoso livro *Lolita* (1955), de Vladimir Nabokov, a idéia da ninfeta se popularizou nos meios midiáticos.[31] A personagem Lolita de Nabokov, por sua vez, era entrevista como a adolescente americana dos anos 1950 que representava algo mais liberalizado, inovador e consumista do que a adolescente européia. Ao contrário da celebração fascista da juventude disciplinada e atlética ou da prédica comunista do jovem revolucionário, portando os emblemas do partido, a Lolita americana era a jovem hedonista e erotizada. A boneca das *pinups*, a adolescente que exibe algo de infantil, mas que poreja sedução.

Entretanto, o cerne da questão no genial livro de Nabokov é a condição da ninfeta como uma criação especial, porque ela representa uma menina que possui uma vocação erótica e poder de sedução que a distinguem de outras meramente bonitas. A saga da ninfeta é narrada pelo seu padrasto e violador, o sofisticado europeu Humbert Humbert. A trajetória da menina é trágica, pois se encontra enredada num mundo de adultos luxuriosos com os quais possui pouco terreno de negociação. E, afinal, o olhar que distingue Lolita de outras adolescentes é um olhar fabricado pelo narrador em sua autodefesa, ele projeta sobre a menina características de voluptuosidade, ela é também uma criatura de sua imaginação narrativa.

Enquanto romance, *Lolita* apresenta uma sofisticada e nuançada interpretação do desejo transgressor e da violência e ambigüidade que cercam as desiguais relações de poder entre o homem adulto Humbert Humbert e a jovem Lolita. Mas, se poucos leram o livro de Nabokov ou se debruçaram sobre a complexidade de sua configuração narrativa, o conceito da menina provocadora e sensual popularizou-se de tal forma que se tornou uma figura corrente no imaginário midiático e em todo um nicho de consumo do mercado. Entretanto, a Lolita-ninfeta de Nabokov possuía uma singularidade própria, algo que não era passível de serialização. A ninfeta de Nabokov era, sobretudo, uma criatura especial no circuito das meninas normativas e alvo de desejos proibidos. O que se torna diverso nas imagens das *teen idols* contemporâneas, assim como na própria construção das Paquitas é a domesticação da transgressão sedutora, sua simultânea banalização e glamorização. Por um lado, com o culto ao corpo, a ênfase na sensualidade e a exaltação do sexo, as meninas imersas na cultura midiática são compelidas, pelos reclames publicitários, videoclipes musicais e vendagem de acessórios a se potencializarem enquanto Lolitas. Mas a promoção da ninfeta *mainstream* busca neutralizar o impacto tanto do desejo transgressor quanto da unicidade das próprias ninfetas. Sobretudo, reitera a prédica de que o feminino se constitui sobre a fabricação da aparência sensual.

A trajetória das Lolitas-Paquitas midiáticas tem variações pessoais e peculiaridades próprias, mas foi marcada pelo signo do controle externo. Batizadas com apelidos infantilizados, mas vestidas de modo sedutor, sorrindo compulsivamente, pulando animadamente, as Paquitas eram as bonecas encantadas de um conto de fadas que também valia para adultos. O fetiche do cabelo louro, a visibilidade midiática, a coreografia "inocente" do programa, por sua vez, colocavam-nas num patamar acima das anônimas Lolitas que se prostituem pelos recantos do Brasil. Eram Lolitas sem narrativa, imagens de desejo sem concretização, uma evocação à bela criança-menina brincando de sexualidade.

A demanda televisiva pelo cabelo louro, que posteriormente foi atenuada em decorrência das reações críticas da imprensa e outros setores, possui seu lastro na trajetória da construção social da beleza brasileira. Enquanto nos anos de 1970, embalados pela retórica da valorização do nacional, Sonia Braga, com vasta melena morena indômita, despontava como símbolo sexual, nos anos de 1980 reemerge a valorização da loura como modelo de beleza a ser emulado. Numa sociedade marcada pela miscigenação racial, a valorização do modelo de beleza loura reflete fortes contradições de auto-representação. Por um lado, a exaltação da boneca loura acompanha as tendências predominantes do modelo ocidental que constituem o próprio mercado global; por outro, traduz o fascínio pelo alheio, o glamour daquilo que não se tem, a rejeição colonizada da própria figura. Entretanto, aquelas ninfetas louras também tematizam uma maneira particularmente brasileira de alourar-se, na medida em que o cabelo claro coaduna-se com um jogo de corpo tropicalizado, malemolente e mestiço. Como foi dito, a obrigatoriedade da "loiridão" foi gradualmente minada pela demanda da representação multirracial, entretanto o relevante desta questão é a emergência de um novo filão de mercado de consumo e vendagem de modelos *teen*. As meninas-bonecas distanciam-se tanto dos modelos da juventude "rebelde sem causa" dos anos 50, quanto da juventude politizada dos anos 1960 e da juventude contracultural dos anos 70. Mas, com sua hipervisibilidade midiática e exposição sensual, estas meninas tampouco se coadunam com os modelos da menina-moça recatada e sonhadora, a menina leitora dos romances de Madame Delly nos anos 1950. Sem singularização própria, também se distinguem das *starlets* jovens como as Judy Garlands de Hollywood, entre outras. Como modelo de emulação social, as Lolitas-Paquitas representam uma nova pedagogia do consumo. Incentivaram legiões de meninas brasileiras a se verem como imagens fabricadas no cruzamento entre requebros corporais e acessórios de indumentária. São parte das novas celebridades efêmeras; figuras midiáticas que não possuem qualidades, habilidades ou características singulares, mas que são alçadas à fama instantânea pelo glamour da visibilidade midiática. Simbolizam, assim como as *top models*, uma nova era de divas.

Como as modelos-manequins, as Paquitas-Bonecas são peças publicitárias, não precisam demonstrar, além da bela figura, talentos de atuação como as divas-atrizes, mas tampouco são meros cabides de roupas como eram as modelos nas décadas anteriores, porque não vendem somente acessórios, mas automodelações de feminilidade, em que a mensagem inscrita nas suas anatomias juvenis é a promessa de eterna juventude, erotismo lúdico e beleza à prova dos desgastes cotidianos. Como as belas dormentes dos contos de fada e das narrativas literárias, as imagens destas meninas-ninfetas erotizadas ativam um antigo repertório da beldade feminina misteriosa e passiva. Resta saber se despertarão do feitiço encantado, indo além da tela midiática.

O fascínio pela boneca erótica enquanto imagem, narrativa, objeto material ou invenção corporal enseja um caudal de repertórios que possuem novas e velhas roupagens. Como parte do imaginário erótico e amoroso, a figura ambígua da boneca revela-nos tanto o fascínio por projeções fantasiosas que fazem parte de qualquer interação imaginativa e encantatória, quanto os impasses que este imaginário vicário produz. Encena, neste sentido, a experiência aprisionada entre o desejo fetichista e o olhar; entre a presença imagética e os ruídos da realidade. A literatura romântica, fantástica e surreal fará extenso uso da figura da boneca como esfinge do estranhamento que nos coloca no limiar entre o objeto inanimado e a réplica insólita. Já a boneca técnica atiça tanto a sedução quanto o temor de nossa desumanização, ilustra a perda daquilo que os românticos idealizavam como o "ser profundo", ou, para usar uma palavra mais antiquada, a dissolução da "alma" essencial de cada um. Como portadoras de beleza, as bonecas, na sua vertente publicitária, se encarnam nas manequins modelos, divas do mundo *teen* e ídolos das telas. Objetos de emulação de milhares de mulheres anônimas, os ideais da beleza-boneca promovem indústrias milionárias de cosméticos e cirurgias plásticas. Como brinquedo lúdico, a boneca também transcende seu fetiche e revela-nos formas de criar personagens que animam o teatro cotidiano da nossa subjetividade inventada.

Notas ao texto

1. Modernidade cultural e estéticas do realismo

[1] No século XX, entre os maiores defensores do realismo crítico destacam-se Georg Lukács e Raymond Williams. Ver Georg Lukács, *Ensaios sobre a literatura*, Rio de Janeiro, Civilização Brasileira, 1964, e Raymond Williams, *The Long Revolution*, Ontário, Encore Editions, 2001.

[2] Ver, entre outros, a crítica de Fredric Jameson sobre o realismo estético em *As marcas do visível*, São Paulo, Graal, 1995.

[3] Ver Joel Black, *The Reality Effect: Film Culture and the Graphic Imperative*, Routledge, Nova York, 2002, p. 15. A tradução da citação em inglês é minha.

[4] Ver a síntese do projeto iluminista traçado por Sérgio Paulo Roanet em *As razões do iluminismo*, São Paulo, Companhia das Letras, 1987.

[5] Ver o texto clássico de Jürgen Habermas, "Modernity-An Incomplete Project". In: *The Anti-Aesthetic: Essays on Postmodern Culture*, editado por Hal Foster, Washington, Bay Press, 1983.

[6] Ver o livro fundamental de Roberto DaMatta, *Carnavais, malandros e heróis*, Rio de Janeiro, Zahar, 1978, Nestor García Canclini, *Culturas híbridas*, São Paulo, Edusp, 2004; Roberto Schwarz, *Ao vencedor as batatas*, São Paulo, Editora 34, 2000; Claudio Lomnitz, *Modernidad indiana: 9 ensayos sobre nación y mediación en México,* México, Planeta, 1999.

[7] Ver o livro de Dipesh Chakrabarty, *Provincializing Europe*, Princeton, Princeton University Press, 2000; Peter Van der Veer, *Imperial Encounters: Religion and Modernity in India and Britain*, Nova Jersey, Princeton University Press, 2001; Mary Pratt, *Imperial Eye: Travel Writing and Transculturation,* Nova York, Routledge, 1992; Walter Mignolo, *Local Histories/Global Designs: Coloniality, Subaltern Knowledge and Border Thinking,* Princeton, Princeton University Press, 2000.

⁸ Para uma discussão sobre o conceito de desencantamento de mundo em Weber ver o livro de Antônio Flávio Pierucci, *O desencantamento do mundo: todos os passos do conceito em Max Weber*, São Paulo, Editora 34, 2003.

⁹ Ver Michel Foucault, *A arqueologia do saber*, Petrópolis, Vozes, 1972.

¹⁰ Ver os famosos comentários de Charles Baudelaire em *Sobre a modernidade*, Rio de Janeiro, Paz e Terra, 1996. Ver Walter Benjamin e sua teoria do choque no ensaio sobre Charles Baudelaire, *Charles Baudelaire: A Lyric Poet in the Era of High Capitalism,* Londres, Verso, 1976.

¹¹ Ver Colin Campbell, *A ética romântica e o espírito do consumismo moderno*, Rio de Janeiro, Rocco, 2001, p. 318.

¹² Ver Walter Benjamin, *Obra escolhida*, São Paulo, Brasiliense, 1987.

¹³ Ver Agnes Heller, *A Theory of Modernity,* Malden, Blackwell Publishers, 1999, p. 33. A tradução da citação em inglês é minha.

¹⁴ Ver considerações fundamentais de Charles Taylor sobre a constituição do *self* moderno no embate entre ideários iluministas e anseios românticos, em *As fontes do self: a construção da identidade moderna,* São Paulo, 1997.

¹⁵ Ver a expressão "estruturas de sentimento", em Raymond Williams, op. cit.

¹⁶ Ver Raymond Williams, *The Long Revolution*, Ontario, Encore Editions, 2001, pp. 300, 301.

¹⁷ Ver Linda Nochlin, *Realism*, Nova York, Penguin Books, 1971, p. 13.

¹⁸ Ver Terry Eagleton, "Pork Chops and Pineapples", em *London Review of Books,* vol. 25, número 20-23, outubro, 2003.

¹⁹ Ver copiosa literatura sobre o conceito de mimese em Erich Auerbach, *Mimesis: The Representation of Reality in Western Literature*, Princeton, Princeton University Press, 1953; Gunter Gebauer e Christoph Wulf, *Mimesis,* Berkeley, University of California Press, 1995. Ver as discussões críticas de Luiz Costa Lima em *O controle do imaginário*, Rio de Janeiro, Forense Universitária, 1989.

²⁰ Terry Eagleton, "Pork Chops and Pineapples", p. 14.

²¹ Ver Margaret Cohen. "Reconfiguring Realism." *Spectacles of Realism*, editado por Margaret Cohen e Christopher Prendergast, Minneapolis, University of Minnesota Press, 1995, p. X. A tradução da citação em inglês é minha.

²² Ver Roland Barthes, "El efecto de lo real". *Realismo, mito, doctrina o tendencia histórica?*, Buenos Aires, Lunaria, 2000. Ver também o excelente ensaio de Silviano Santiago intitulado "A retórica da verossimilhança" em *Uma literatura nos trópicos*, São Paulo, Perspectiva, 1978.

²³ Ver Phyllis Frus, *The Politics and Poetics of Journalistic Narrative*, Cambridge, Cambridge University Press, 1994, p. 58.

[24] Frus, p. 26.
[25] Ver Susan Sontag, *Sobre a fotografia*, Rio de Janeiro, Arbor, 1983.
[26] Ver André Breton, *Manifestos do surrealismo*, Rio de Janeiro, Nau, 2001, p. 19.
[27] Ver de Briony Fer, David Batchelor e Paulo Wood, *Realismo, racionalismo, surrealismo: a arte no entre-guerras*, São Paulo, Cosac & Naify, 1998.
[28] Para uma discussão sobre as formulações de Brecht, ver Briony Fer, David Batchelor, Paulo Wood, em *Realismo, racionalismo, surrealismo: a arte no entre-guerras*. São Paulo, Cosac & Naify, 1998, p. 260. Ver também Eagleton, op. cit.
[29] Citação de Gustave Courbet extraída do livro editado por Charles Harrison, Paulo Wood e Jason Gaiger, *Art in Theory 1815-1900: An Anthology of Changing Ideas*, Oxford, Blackwell, 1998, p. 372.
[30] Ver Andreas Huyssen, *After the Great Divide: Modernism, Mass Culture, Postmodernism*, Bloomington, Indiana University Press, 1986.
[31] Ver Nestor García Canclini, *Culturas híbridas*, São Paulo, Edusp, 2004.
[32] Ver Fredric Jameson, *Postmodernism or The Cultural Logic of Late Capitalism,* Durham, Duke University Press, 1991; Guy Debord, *La societé du spectacle*, Paris, Buchet-Castel, 1967, e Jean Baudrillard, *Simulacres et simulation*, Paris, Galilée, 1981.
[33] Ver Andreas Huyssen, *Twilight Memories*, Nova York, Routledge, 1995.
[34] Ver Andreas Huyssen, "Memories of Utopia", *Twilight Memories*. Nova York, Routledge, 1995, p. 100. A tradução da citação é minha.
[35] Ver Fredric Jameson, *As marcas do visível,* São Paulo, Graal, 1995.

2. O visível e os invisíveis: imagem fotográfica e imaginário social

[1] Ver Benedict Anderson. *Imagined Communities; reflections on the origin and spread of nationalism (rev. and extended edition)*. Londres: Verso, 1991.
[2] Paulo Cesar Azevedo & Mauricio Lissovsky. *Escravos brasileiros do século XIX na fotografia de Christiano Jr*, São Paulo, Ex Libris, 1988.
[3] Ver, por exemplo, o artigo pioneiro de Aline Lopes de Lacerda: "A 'Obra getuliana' ou como as imagens comemoram o regime", *Estudos Históricos*. 7 (14) Rio de Janeiro, pp. 241-63, 1994.
[4] Para uma abordagem mais extensa deste tema, ver Mauricio Lissovsky. "Guia prático das fotografias sem pressa." In: *Retratos modernos*, Rio de Janeiro, Arquivo Nacional, 2005.
[5] Walter Benjamin. "Pequena História da Fotografia", *Obras escolhidas*, vol. I, São Paulo, Brasiliense, 1985.

⁶ André Disdéri. *L'Art de la photographie*. Paris [O Autor], 1862, p. 281.

⁷ Antes da invenção do álbum de retratos privado, os *carte de visite* costumavam ficar arrumados sobre uma pequena mesa, junto à entrada da casa. Mais tarde, passou-se a usar um cesto onde eles eram deixados pelos visitantes. Com a difusão do hábito e a multiplicação dos retratos, o uso de álbuns tornou-se inevitável. Muitas casas mantinham fixado na porta um retrato de seu proprietário.

⁸ Disdéri, op. cit., p. 47.

⁹ O pacto fotográfico estabelecido entre o fotógrafo e o retratado, pacto fundado na reprodução mimética e na automodelação exemplar relembra as invenções do ser social nas autobiografias dos notáveis do século XIX. Destaca-se, no caso brasileiro, o texto formidável de Joaquim Nabuco *Minha formação* (1900), em que o perfil do abolicionista emerge exemplarmente esculpido como representante dos ideários progressistas do seu tempo. Em contraste, romancistas como Machado de Assis buscavam ir além da orquestração das aparências para revelar os desejos, contradições e ambigüidades da interioridade reprimida. Ver Beatriz Jaguaribe. "Autobiografia e nação: Henry Adams e Joaquim Nabuco." In: *Brasil-EUA; antigas e novas perspectivas sobre sociedade e cultura*. Guillermo Giucci e Mauricio Dias David (org.). Rio de Janeiro: Leviatã, 1994.

¹⁰ Ver Maria Inez Turazzi. *Poses e trejeitos: a fotografia e as exposições na era do espetáculo (1839-1889)*, Rio de Janeiro, Rocco, 1995.

¹¹ Azevedo & Lissovsky, op. cit., p. VIII.

¹² *Escravos brasileiros do século XIX na fotografia de Christiano Júnior*. Organizado por Paulo César de Azevedo e Maurício Lissovsky, São Paulo, Ex Libris, p. XII.

¹³ As citações subseqüentes provêm de manuscritos que integram o dossiê referente à *Obra getuliana*, no Arquivo Gustavo Capanema (CPDOC/FGV), sob a rubrica GC i 38.00.00/2.

¹⁴ Ver Richard Morse. *O espelho do próspero; cultura e idéias nas Américas*, São Paulo, Companhia das Letras, 1988.

¹⁵ Arquivo Gustavo Capanema, FGV (GC pi CAPANEMA, G. 41.04.19).

¹⁶ *Atos-de-ver* é uma noção inspirada nos *Speech Acts*, de John Searle. *Expressão e significado; estudo da teoria dos atos de fala*, São Paulo, Martins Fontes, 1995.

¹⁷ No ano seguinte, seria criada a Escola Nacional de Educação Física. Saudando a iniciativa do Ministério de organizar a Educação Física, em 20/01/39, o *Diário de Notícias* (Porto Alegre) expressa-se de um modo que, na pena de Costallat, soaria irônico: "O Brasil ideal será organizado esportivamente porque, hoje, a nação ideal é esportiva."

[18] O branqueamento progressivo da população era uma crença da qual compartilhavam, com motivos e fundamentos diferentes, tanto as elites intelectuais como a população em geral. Cf. Thomas Skidmore. *O Brasil visto de fora*, São Paulo, Paz e Terra, 1994.

[19] Sobre as vicissitudes do "Homem Brasileiro", ver Mauricio Lissovsky e Paulo Sérgio Sá, *Colunas da Educação; a construção do Ministério da Educação e Saúde*, Rio de Janeiro, Minc/IPHAN; FGV/CPDOC, 1996.

[20] Id., 230

[21] Id., 225

[22] Id., 226

[23] Id., 227-8

[24] Id., 230.

[25] Id., 236.

[26] Id., 237.

[27] Id., 231.

[28] JUNGER, Ernst. *Sobre el Dolor*, Barcelona, Tusquets, 1995, p. 45.

[29] Há uma fotografia de uma repartição pública na qual, além da indefectível efígie de Vargas, lê-se em um pequeno cartaz: "Tempo gasto em conversa é desperdiçado ao trabalho."

[30] Ao recorrer a um destes três procedimentos, os fotojornalistas comunitários sentem-se provavelmente mais seguros de que estão produzindo uma fotografia com mais possibilidade de ser impressa ou veiculada nos sites e exposições dos projetos.

[31] Peter Sloterdijk. *Desprezo das massas: ensaio sobre lutas culturais na sociedade moderna*, São Paulo, Estação Liberdade, 2002, pp. 19-22.

[32] Ver Nestor García Canclini. *Consumidores e cidadãos*, Rio de Janeiro, Editora UFRJ, 1997.

[33] Cf. Zuenir Ventura. *Cidade partida*. São Paulo, Companhia das Letras, 1999.

[34] Ver Mariana Cavalcanti. No prelo. "Redefining (Il)legal Boundaries: Space and Citizenship in Rio de Janeiro's favelas", In: Heiko Wimmen, Franck Mermier and Barbara Drieskens (eds.), *Cities and Globalization: Challenges to Citizenship*, Londres, Saqi Books.

3. O choque do real e a experiência urbana

[1] Uma versão deste ensaio foi publicada na coletânea *Comunicação, cultura, consumo*, E-papers, 2005, organizada por Micael Herschmann e João Freire. A versão em inglês deste ensaio, intitulada "The Shock of the Real:

Realist Aesthetics in the Media and the Urban Experience", foi publicada na revista *Space and Culture*, vol. 8, 2005.

[2] Ver o ensaio de William Sharpe e Leonard Wallock sobre a crise de representação das cidades nas modernidades dos séculos XIX e XX, em *Visions of the Modern City*, Baltimore, John Hopkins University Press, 1983.

[3] Ver as indagações detalhadas de Antônio Flávio Pierucci em *O desencantamento do mundo: Todos os passos do conceito em Max Weber*, São Paulo, Editora 34, 2003.

[4] Ver a definição de Roland Barthes no seu ensaio "El efecto de lo real", In: *Realismo: mito, doctrina o tendencia histórica?* Buenos Aires, Lunaria, 2002, pp. 75-82.

[5] A noção do sublime possui uma densa trajetória conceitual. Entre as referências principais, está a formulação de Kant em sua obra *Crítica ao juízo*, que retoma a elaboração anterior de Edmund Burke, *Uma investigação filosófica sobre a origem de nossas idéias do sublime e do belo*. Tradução de Enid Abreu Dobránsky, São Paulo, Papirus, 1993.

[6] Roland Barthes, op. cit.

[7] Ver o comentário de Susan Sontag sobre a epifania negativa: "O primeiro contato de uma pessoa com o inventário fotográfico do horror supremo é uma espécie de revelação, a revelação prototipicamente moderna: uma epifania negativa", *Sobre a fotografia*, São Paulo, Companhia das Letras, tradução Rubens Figueiredo, 2004, p. 30.

[8] David Frisby, *Fragments of Modernity*, Cambridge, MIT Press, 1986.

[9] Ver o ensaio de Bem Singer "Modernidade, hiper-estímulo e o início do sensacionalismo popular". In: Leo Charney e Vanessa Rua Schwartz (org.). *O cinema e a invenção da vida moderna*, São Paulo, Cosac & Naify, 1995.

[10] A autenticidade da experiência do autor em relatos de cunho autobiográfico é essencial para a manutenção da legitimidade autoral. Neste sentido, o livro *Fragmentos*, de Binjamin Wilkomirski é emblemático da importância abalizadora da experiência pessoal. Wilkomirski escreveu um livro em que, supostamente, recupera os fragmentos perdidos de sua infância passada em campos de concentração e orfanatos durante a Segunda Guerra Mundial. Saudado por críticos como um valioso testemunho, o livro de Wilkomirski, que teve uma edição brasileira pela Companhia das Letras em 1995, depois foi retirado de circulação, quando descobriram que, de fato, o autor jamais havia passado pelas experiências relatadas.

[11] Citado em *Fragments of Modernity*, p. 162.

[12] Tendo freqüentado a vanguarda surrealista em Paris, o escritor cubano Alejo Carpentier volta para Cuba e elabora, na década de 1940, seu conceito do *"real maravilloso"*. Para Carpentier, enquanto a vanguarda européia buscava artificialmente encontrar o maravilhoso na modernidade

desencantada, na América Latina, o maravilhoso era parte intrínseca dos legados transculturais que teciam o sincretismo entre América, Europa e África. O exemplo mais poético do "*real maravilloso*" está no livro de Carpentier, *El Reino de Este Mundo*, que narra o levante dos escravos no Haiti. Já o realismo mágico de García Márquez está associado aos contos de narrativa oral e ao imaginário popular que o autor colombiano reelabora de forma original, colocando imaginários míticos e históricos numa saga arquetípica da América Latina. Com bem menos originalidade, Isabel Allende, sobretudo, no seu famoso livro, *A casa dos espíritos*, recoloca o realismo mágico em contextos históricos, políticos e urbanos por meio da trajetória de uma família de classe média alta durante o golpe militar de Pinochet no Chile.

[13] Ver Luiz Costa Lima, *O controle do imaginário, razão e imaginação nos tempos modernos*. Rio de Janeiro, Forense Universitária, 1989.

[14] Ver o excelente ensaio de Karl Schøllhanner, "O espetáculo e a demanda do real". In: *Comunicação, cultura, consumo*, editado por João Freire e Micael Herschmann, e-papers, Rio de Janeiro, pp. 207-225.

[15] A crítica de cinema Ivana Bentes criou o termo "cosmética da fome" para designar as estéticas do filme *Cidade de Deus*, e sua expressão ganhou voga nos debates críticos. Veja sua crítica do filme em "*Cidade de Deus* promove turismo no inferno", *O Estado de S. Paulo*, 2002. Veja a crítica de Alba Zaluar que argumenta que o filme oferece uma visão redutora da favela, em "A tese do gueto norte-americano", Caderno B, *Jornal do Brasil*. Veja também comentários de João Moreira Salles, "Cidade de Deus: o que fazer?", *No mínimo*, 8 de setembro, 2002. Veja entrevista com MV Bill, "Rapper da Cidade de Deus diz que filme prejudica moradores", *Folha On Line*, 28 de agosto, 2002.

[16] Ver Zuenir Ventura, *A cidade partida*, São Paulo, Companhia das Letras, 1994.

[17] Nada mais sintomático, neste sentido, do que o percurso de Marcinho VP. Como chefão de drogas no morro Santa Marta, Marcinho VP foi elevado à fama quando, em 1996, Spike Lee, o diretor do videoclipe de Michael Jackson, "They don't care about us", pediu sua autorização para filmar no morro. O pedido de autorização do *pop star* global ao traficante local gerou uma crise de poder com as autoridades do Estado e com a força policial na medida em que o pedido de autorização feito aos que estavam "fora da lei" tornou patente que o Estado perdera o controle dos territórios da favela. Após essa vasta cobertura dos jornais, Marcinho projetou-se, outra vez, na mídia, quando foi capturado, e os jornais revelaram que o cineasta João Moreira Salles tinha dado pessoalmente uma bolsa para o traficante, para que este pudesse escrever suas memórias. Finalmente, após a publicação do

vultoso livro de Caco Barcelos, *Abusado,* Rio de Janeiro, Record, 2003, livro este que enfoca, em detalhes, a trajetória do traficante e seus colegas, o ciclo midiático fechou-se. Marcinho VP pagou com a própria vida o preço pela fama, sendo morto pelos colegas de prisão como revanche pelas declarações e revelações que ele fizera ao jornalista Barcelos.

[18] Este depoimento aparece na versão do documentário que foi exibida nos cinemas brasileiros, com edição do diretor.

[19] A citação de Victor Sklovskij provém do livro *Theories of Literature in the Twentieth Century*, de D.W. Fokkema e Elrud Kunne-Ibsch, Londres, C.Hurst & Company, 1977, p. 16. A tradução do inglês é minha.

[20] Para uma discussão sobre o impacto e o desgaste das imagens de sofrimento, ver o último livro de Susan Sontag, *Diante da dor dos outros*, São Paulo, Companhia das Letras, 2003. Neste livro, Sontag reformula suas concepções acerca da fotografia tal como expressas no seu livro *Sobre a fotografia*, já que, nesta última reflexão, visa promover uma validação política e ética para o ato fotográfico. Em trabalho de cunho sociológico, Luc Boltanski, no seu livro *La Souffrance á Distance*, Paris, Editions Mètailiè, 1993, detalha os diferentes discursos que emergiram ao redor do tema do sofrimento na modernidade e sugere que os espectadores contemporâneos também podem processar imagens e adquirir algum agenciamento.

4. *Favela Tours*:
o olhar turístico e as representações da "realidade"

[1] Este ensaio é uma adaptação de um preliminar escrito com Kevin Hetherington, intitulado "*Favela Tours*: indistinct and mapless representatios of the real in Rio de Janeiro", publicado no livro *Tourism Mobilities: Places to Play, Places in Play*, editado por Mimi Sheller e John Urry, Londres, Routledge, 2004, pp. 155-167.

[2] Ver, sobre as fortificações das casas populares na favela, ensaio de Mariana Cavalcanti. No prelo. "Redefining (Il)legal Boundaries: Space and Citizenship in Rio de Janeiro's favelas." In: Barbara Drieskens, Franck Mermier e Heiko Wimmen (eds.), *Cities of the South: citizenship, and exclusion in the twenty-first century*, Londres, Saqi Books.

[3] Ver tese de mestrado de Mariana Cavalcanti Rocha dos Santos, *Demolição, Batalha e Paz: favelas em manchetes.* ECO/UFRJ, 2001.

[4] Ver *Le Corbusier, Rio de Janeiro 1929-1936*, Editor Yannis Tsiomis, Secretaria Municipal de Urbanismo, 1988.

⁵ Ver Elizabeth Bishop. *The Complete Poems*. Nova York, Farrar, Strauss and Giroux, 1979.
⁶ Ver Albert Camus. *Diário de viagem*, Rio de Janeiro, Record, 1991.
⁷ Sobre a mediação cultural que Cendrars realizou entre músicos populares e artistas modernistas veja o livro de Aracy A. Amaral. *Blaise Cendrars no Brasil e os modernistas*, São Paulo, Editora 34, 1997.
⁸ Ver o ensaio de Mike Davis, "Planet of Slums", *New Left Review 26,* março-abril, 2004.
⁹ *Favela Tour* é uma experiência muito rica, se você está procurando ter a perspectiva de quem vive no Brasil [...] Se à distância são pitorescas, de perto elas revelam sua arquitetura complexa, seu comércio em desenvolvimento e sua gente cordial. Não fique inibido, você é bem-vindo, e as pessoas que vivem lá apóiam sua visita. Se você realmente quer conhecer o Brasil, não deixe o Rio sem fazer o *Favela Tour* (tradução livre do P.O.)
¹⁰ Eles não percebem que o primeiro passo para resolver um problema é reconhecer sua existência (tradução livre do P.O.)
¹¹ Ver o livro de Marc Augé, *Não-lugares*: introdução a uma antropologia da sobremodernidade, trad. Lúcia Mucznik, Lisboa, Bertrand Editora, 1994.
¹² Ver Georg Lukács. *The Theory of the Novel*. Cambridge, MIT Press, 1974.
¹³ Ver Walter Benjamin. *Obras escolhidas*, São Paulo, Brasiliense, 1987.
¹⁴ Ver Umberto Eco. *Viagem na irrealidade cotidiana*, Rio de Janeiro, Nova Fronteira, 1984.
¹⁵ Realizamos estas entrevistas em associações de moradores, nos edifícios dos condomínios fechados localizados em frente à Rocinha. Por intermédio da ONG Transformarte, realizamos entrevistas com grupos de jovens na Rocinha.

5. Realismo sujo e experiência autobiográfica

¹ Este ensaio foi inicialmente publicado na coletânea organizada por Antonio Fatorelli e Fernanda Bruno no livro intitulado, *Limiares da Imagem: tecnologia e estética na cultura contemporânea*, Rio de Janeiro, Mauad X, 2006.
² No seu livro *El Espacio Biográfico: Dilemas de la Subjetividad Contemporánea*, Buenos Aires, Fondo de Cultura Económico, 2002, Leonor Arfuch esclarece que esse termo abarca as escritas autobiográficas, biografias, diários e cartas. São formas diversas do registro do "eu" e da subjetividade em que o ficcional e o real se entrelaçam.

³ Ver a tese de doutorado de Paula Sibilia "O Show do Eu", ECO/UFRJ, 2007. Neste projeto, Sibilia argumenta que o destaque dado à vida privada se alimenta da exposição da mesma nos meios midiáticos. Nesse circuito, há uma "ficcionalização do real" e um culto à celebridade em que a figura do autor ganha mais projeção do que sua obra.
⁴ Ver livro de Neal Gabler, *Vida, o filme*, São Paulo, Companhia das Letras, 1999.
⁵ Ver referência ao livro de Charles Taylor, *As fontes do self*, no qual o autor oferece um precioso mapeamento dos diversos conceitos filosóficos e artísticos que alimentaram os repertórios do *self* moderno.
⁶ Ver a tese de doutorado de Paula Sibilia "O Show do Eu", ECO/UFRJ, na qual ela enfatiza a emergência de escritores sem obra ou conhecimento literário que pautam suas escritas na vivência pessoal do cotidiano.
⁷ Phillippe Lejeune assinala que o essencial na autobiografia é o pacto autobiográfico por meio do qual o leitor confia na veracidade do relato, na medida em que há uma coincidência entre o protagonista e o autor do texto. Ver seu livro *Le pacte autobiografique*, Paris, 1975.
⁸ Ver, neste sentido, os livros clássicos deste gênero narrativo da reportagem com recursos literários em *O segredo de Joe Gould*, de Joseph Mitchell, *A sangue-frio*, de Truman Capote, entre outros.
⁹ Ver entrevista no *site* www.pedrojuangutierezz.com. Todas as traduções das citações das entrevistas de Gutiérrez são minhas.
¹⁰ Ver entrevista com *El Castellano*, no *site* www.pedrojuangutierezz.com. Todas as traduções das citações das entrevistas de Gutiérrez são minhas.
¹¹ Para uma análise dos conceitos de sinceridade e autenticidade na imaginação literária, ver o livro clássico de Lionel Trilling, *Sincerity and Authenticity*, Cambridge, Harvard University Press, 1972.
¹² Ver entrevista com Stephen J. Clark publicada em Delaware *Review of Latin American Studies*, vol. 2, número 1, 15 de dezembro de 2000. A entrevista está disponibilizada no *site* oficial do escritor.
¹³ Ver Giorgio Agamben, *Infancy and History: Essays on the Destruction of Experience*, Londres, Verso, 1993, p. 13. A tradução da citação em inglês é minha.
¹⁴ Id., 41.
¹⁵ Nan Goldin, *I'll be Your Mirror*, Whitney Museum of American Art, Nova York, 1996, pp. 448, 450. A tradução da citação em inglês é minha.
¹⁶ Id., 451.
¹⁷ Id., 452.
¹⁸ Id.,136.
¹⁹ Id., 448.

6. Bonecas hiper-reais: o fetiche do desejo

[1] "I know, I know it was necessary for us to have things of this kind, which acquiesced in everything. The simplest love relationship were quite beyond our comprehension, we could not possibly have lived and had dealings with a person who was something; at most, we could only have entered into such a person and have lost ourselves there. With the doll we were forced to assert ourselves, for, had we surrendered ourselves to it, there would then have been no one there at all [...] it was so abysmally devoid of phantasy, that our imagination became inexaustible in dealing with it [...]." "Reflexões sobre a boneca", do poeta Rainer Maria Rilke, citado no ensaio de Marina Warner "Waxworks and Wonderlands", do livro *Visual Display: Culture beyond Appearances,* editado por Lynne Cook e Peter Wollen, Nova York: New Press, 1995, p. 195. A tradução da citação para o português é minha.

[2] Ver Tim Dant, *Material Culture in the Social World*, Bukingham, Philadelphia, Open University Press, 1999, p. 42.

[3] Ver Valerie Steele, *Fetiche: moda, sexo & poder,* Rio de Janeiro, Rocco, 1997, p. 13.

[4] Id., 13.

[5] Id., 23.

[6] Ver Martin Jay, *Downcast Eyes: The Denigration of Vision in Twentieth Century French Thought*, Berkeley, University of California Press, 1994, e Jonathan Crary, *Tecniques of the Observer: On Vision and Modernity in the Nineteenth Century,* Cambrige, MIT Press, 1995.

[7] Ver Michael Taussig, *Mimesis and Alterity: A particular history of the senses*, Londres, Routledge, 1993, p. 23.

[8] Ver Sigmund Freud, "The Uncanny", *Pelican Freud Library*, 14, Harmondsworth, Penguin, 1985.

[9] Ver o livro editado por Yona Zeldis McDonough, *The Barbie Chronicles*, Nova York, Touchstone, 1999. Steven Dubin, no seu ensaio "Who's that Girl? The World of Barbie Deconstructed", comenta: "A Barbie é vendida em 140 países. De acordo com a revista *Smithsonian*, se você enfileirar cada uma das pernudas bonecas que foram vendidas nos primeiros trinta anos – ajustando-as da ponta das madeixas sedosas aos pés notoriamente curvos – você daria a volta ao mundo quatro vezes" (p. 19). A tradução da citação em inglês é minha.

[10] Ver livro de Peter Berger, *Ways of Seeing,* Londres: Penguin Books, 1972, e ensaio de Laura Mulvey, "Prazer visual e cinema narrativo", *A experiência do cinema*, organizado por Ismail Xavier, São Paulo: Graal, 1991.

[11] Ver Vanessa Schwartz, o instigante ensaio "O espectador cinematográfico antes do aparato do cinema: o gosto do público pela realidade no Paris fim-de-século". *O cinema e a invenção da vida moderna*, organização de Leo Charney e Vanessa Schwartz, São Paulo, Cosac & Naify, 2001, pp. 411-440. Neste ensaio, Schwartz sugere que o público absorveu a nova técnica justamente porque esta se coadunava com um desejo crescente pela representação realista da realidade. Ao comentar a formação de um público cinematográfico em Paris no final do século XIX, Schwartz centraliza seu argumento não nas famosas paisagens dos panoramas ou visoramas, mas na atração mórbida exercida pelo necrotério nos habitantes da Cidade Luz. Antes da inauguração do Museu de Cera com suas réplicas realistas, uma das grandes atrações do público parisiense, sobretudo das classes menos privilegiadas, era a ida ao necrotério para visualizar *in loco* os corpos dos mortos. O necrotério de Paris, segundo a pesquisa de Schwartz, era uma atração turística de peso, sendo incluído, nos guias turísticos, como um dos locais a serem visitados na cidade. O público que se aglomerava em torno dos corpos mortos expostos era um público que ia ao necrotério para ver de perto os cadáveres cujas mortes acidentais ou violentas tinham sido previamente noticiadas nos jornais. Tendo lido a narrativa da morte, o público buscava a ilustração viva da notícia descrita. Os funcionários do necrotério, por sua vez, atendiam a esta demanda do público, colocando os mortos em cenários teatrais. Assim se deu no caso de uma criança que faleceu por questões obscuras cujo cadáver plenamente vestido e sentado em cadeira de veludo era contemplado pelo público ávido de sensações. Com o triunfo do Museu de Cera, a contemplação dos mortos esmaeceu, mas perdurou o fascínio pelo espetáculo da representação realista que posteriormente atingiria seu auge na produção da imagem cinematográfica. A sugestão contida no ensaio de Schwartz é que o voyeurismo torna-se uma condição inevitável em sociedades urbanas cada vez mais permeadas pelas mediações do espetáculo, presentes nos desfiles das mercadorias, nas notícias dos jornais e nas formas de entretenimento. Mas este mesmo espetáculo ocasiona um desejo pelo "real", pela intensificação de uma experiência por meio da visualidade. A visão dos mortos codificada pela narrativa dos jornais, os manequins de cera imitando com máxima verossimilhança pessoas célebres e, por fim, o realismo da imagem cinematográfica potencializam este desejo de vivenciar a representação como se fosse *"the real thing"*.

Em termos atuais, o médico-artista alemão Gunther von Hagen expõe o "choque do real" na sua utilização de cadáveres verdadeiros para a criação de esculturas citativas de obras de arte canônicas. Hagen submete os cadáveres recebidos a processos sofisticados de embalsamento. Mas, em vez de simplesmente mostrar corpos mortos congelados, algo que se assemelharia ao desejo do "efeito do real" exibido pelo velho necrotério de Paris, o escultor descama os cadáveres revelando as vísceras, as veias, a ossatura da anatomia numa macabra espetacularização teatral. Vale observar, no caso deste artista, que os cadáveres recebidos são geralmente provenientes da China ou de algum país "periférico".

[12] Freud, como é sabido, tinha particular apreço pelo conto "O homem de areia", de Hoffman. Na sua interpretação, há uma ênfase particular na figura do sinistro Coppelius que se reduplica na aparição do vendedor de barômetros Coppola. O sinistro e o estranhamento do conto de Hoffman incidem não só na figura da boneca mecânica, mas na presença castradora e ameaçadora de Coppelius-Coppola. Para uma interpretação do conto de Hoffman, veja o livro de Oscar Cesarotto, *No olho do outro: O "Homem de Areia" segundo Hoffman, Freud e Gaiman,* São Paulo, Iluminuras, 1996.

[13] Ver "O Homem de Areia", *Contos fantásticos*. Tradução de Claudia Cavalcanti. Rio de Janeiro, Imago, 1993, pp. 140-141.

[14] Id., 144.

[15] Ver Villiers de L'Isle Adam, *La Eva Futura*, Madri, Valdemar, 1998, p. 197. A tradução da versão em espanhol para o português é minha.

[16] Id., 198.

[17] Autor dos romances realistas mais emblemáticos do século XIX francês, Balzac tinha apreensão frente à máquina fotográfica, já que a considerava dotada de um poder de apropriação das diferentes camadas de ser que envolvem o corpo. Cada chapa fotográfica representava um descascamento desta epiderme subjetivante. Em sentido contrário, houve, no século XIX, uma crença espírita na capacidade da máquina fotográfica para captar a aparição de espíritos, em fazer emergir ectoplasmas do corpo dos fotografados.

[18] Id., 301.

[19] Id., 302, 303.

[20] Ver análise do crítico Andreas Huyssen sobre a *vamp* como robô, em "The Vamp and the Machine: Fritz Lang's *Metropolis*", em *After the Great Divide: Modernism, Mass Culture, Postmodernism*, Bloomington, Indiana University Press, 1986, pp. 65-82.

[21] Ver Adolfo Bioy Casares, *A invenção de Morel,* Rio de Janeiro, Rocco, 1986, p. 124.

[22] O relato da paixão de Kokoschka por Alma Mahler está belamente ilustrado e narrado no livro de Alfred Weidinger, *Kokoschka and Alma Mahler*, Nova York, Prestel, 1996, p. 90.

[23] Id., 91-92.

²⁴ Ibid.
²⁵ Ver *Las hortensias*, Felisberto Hernandez, Buenos Aires, Siglo XXI, 2005, p. 218.
²⁶ Ver a analogia entre a figura da mulher dormente e da boneca no filme *Fale com ela*, de Almodóvar e o belo Yasunari Kawabata, *A casa das belas dormentes*, São Paulo, Estação Liberdade, 2004. Para uma versão otimista e latinizada do livro japonês, ver o romance de Gabriel García Márquez, *Memória de minhas putas tristes*, Rio de Janeiro, Record, 2005.
²⁷ Ver referência ao impacto das bonecas digitais na tese de mestrado de Elaine Zancanela, *Belezas digitais: as representações do feminino e as novas tecnologias da comunicação*, ECO/UFRJ, 2004.
²⁸ Para uma interpretação recente da obra de Hans Bellmer, ver o livro de Sue Taylor, *Hans Bellmer: The Anatomy of Anxiety,* Cambridge, MIT Press, 2002.
²⁹ O contrário contemporâneo das Real Dolls do consumo fetiche encontra-se na obra do escultor americano Duane Hanson que fabrica esculturas hiper-realistas de pessoas comuns e banais. Esculturas que, ao reproduzirem hiper-realisticamente pessoas tipológicas do mundo americano, espantam não só pelo "efeito do real", mas também pela fealdade prosaica contida nas figuras de donas de casa gordas, vestidas de rosa poliéster com rolos nos cabelos, ou de turistas desengonçados com roupas espalhafatosas ou de funcionários ranzinzas trajando suas respectivas roupas de trabalho. Enquanto nas Real Dolls temos a projeção fetiche do desejo, em Hanson, há o estranhamento da duplicação de figuras grotescas, tipológicas, banais e realistas que lançam uma luz inquietante sobre nossa própria configuração humana.
³⁰ Existem inúmeras referências a Xuxa e, em menor escala, às Paquitas nos jornais brasileiros e até na imprensa estrangeira. Amelia Simpson, no seu livro, *Xuxa*, São Paulo, Sumaré, 1994, oferece um repertório dos significados da diva midiática.
³¹ Ver Vladimir Nabokov, *Lolita*. São Paulo, *Folha de S. Paulo*, 2003.

Crédito das fotos

Acervo da autora / p. 50
Christiano Jr., Arquivo Central IPHAN/-RJ / p. 51
Acervo da autora / p. 52
Christiano Jr. (Negros africanos), Museu Histórico Nacional / p. 53
Christiano Jr., Arquivo Central IPHAN/-RJ / p. 57
Fundação Getulio Vargas – CPDOC / p. 67
Fundação Getulio Vargas – CPDOC / p. 68
Fundação Getulio Vargas – CPDOC / p. 74
Christiano Jr., Arquivo Central IPHAN/-RJ / p. 78
Tony Barros, Viva Favela (Projeto de escola de modelos da Cidade de Deus) / p. 79
Mangueira, 2002. Casa das Artes da Mangueira, oficina orientada por Vantoem Pereira Jr. / p. 84
Tony Barros, Viva Favela / p. 85
Fundação Getulio Vargas – CPDOC / p. 88
Tony Barros, Viva Favela (Cotidiano, favela Cidade de Deus) / p. 89
Acervo da autora / p. 182

Este livro foi impresso na Editora JPA Ltda.
Av. Brasil, 10.600 - Rio de Janeiro - RJ
para a Editora Rocco Ltda.